AF523502

Royal Botanic Gardens Kew

RICHARD WILFORD

ZWIEBEL PFLANZEN & KNOLLEN BLUMEN

Haupt
NATUR

RICHARD WILFORD

ZWIEBEL PFLANZEN & KNOLLEN BLUMEN

PFLANZEN, PFLEGEN, VERMEHREN –
MIT 66 PFLANZENPORTRÄTS

Haupt Verlag

Inhalt

Gärtnern mit Zwiebelblumen

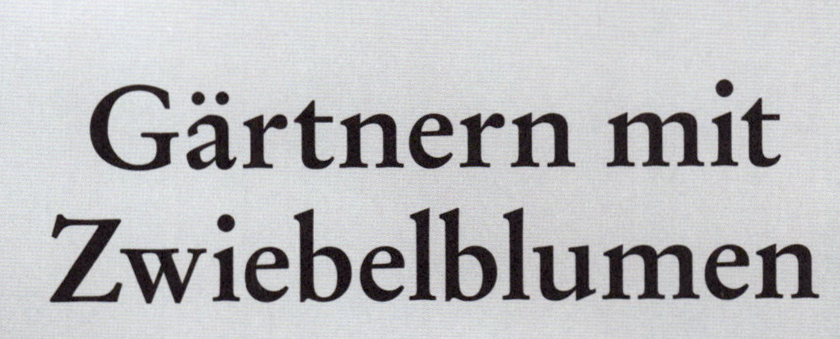

DAS BESONDERE AN ZWIEBELBLUMEN

Zwiebelblumen sind Gartenpflanzen von prächtiger Farben- und Formenvielfalt, die einfach zu handhaben sind. Es gibt Arten für den weitläufigen Bauerngarten genauso wie fürs Fensterbrett.

Auch wenn hauptsächlich die Frühjahrsblüher unter ihnen bekannt sein dürften, gibt es Zwiebelpflanzen für alle Jahreszeiten, ihre Blühzeiten fangen im tiefsten Winter an und reichen bis zum Spätsommer. Eine im Herbst gesetzte Zwiebel blüht drei oder vier Monate später, eine im Spätsommer gesetzte Zwiebel kann bereits wenige Wochen danach ihre Blüte treiben. Eine einfachere und schnellere Methode der Gartenneugestaltung gibt es wohl kaum.

Unter der Bezeichnung „Zwiebelblumen" sind unterschiedliche Pflanzen zusammengefasst. Ihnen allen gemein ist eine Ruhezeit, die sie unterirdisch überdauern. Damit sichern sie sich ihr Überleben unter den ungünstigen Bedingungen des Winters. Alle für den Neuaustrieb benötigten Nährstoffe lagern die Pflanzen zuvor in einem Überdauerungsorgan ein – der Zwiebel. Die kompakte Form dieses Nährstoffspeichers macht uns das Pflanzen leicht. Man kauft eine trockene Zwiebel, vergräbt sie in der Erde und wartet darauf, dass Licht und Wasser sie zur rechten Zeit aus dem Dornröschenschlaf wecken.

Manche Zwiebelblumen kommen mit fast allen Bedingungen klar, andere können von einem Schluck Wasser zur falschen Zeit absterben. Vor allem solange sie noch nicht ausgetrieben sind, mögen sie es nicht zu feucht. Die Zwiebelblumen, die standardmäßig im Handel angeboten werden, sind meist unkompliziert in der Handhabung. Zu diesen altbewährten Gartenbewohnern zählen beispielsweise Osterglocken, Tulpen, Hyazinthen, Krokusse und Zierlauch.

In diesem Buch verwende ich meist die Bezeichnung „Zwiebel" zur Beschreibung der unterirdischen Überdauerungsorgane dieser Pflanzengruppe. Tatsächlich gibt es aber verschiedene Formen von Nährstoffspeichern: Neben echten Zwiebeln erfüllen Knollen und Rhizome grundsätzlich die gleiche Funktion. Was also ist eine Zwiebel?

LINKS: Frühe Farbtupfer der Tulpensorte 'Red Shine' in einer Parkanlage.

Gladiolen wie die wunderschöne Siegwurz (*Gladiolus × byzantinus*) wachsen aus Sprossknollen.

ECHTE ZWIEBELN

Zwiebeln entsprechen einer Verdickung der unteren Blattteile. Reservestoffe aus den absterbenden Laubblättern werden in der unterirdisch liegenden Blattbasis gespeichert, die daraufhin zur Zwiebel anschwillt. Jedes Jahr treiben Blütenstiel und Blätter aus dem Inneren der Zwiebel aus, während die neuen Wurzeln aus dem Zwiebelboden sprießen. Im Lauf der Jahre formieren sich die Speicherblätter – die jüngsten liegen in der Mitte – zu fleischigen Schichten. Schneidet man die Zwiebel in der Mitte durch, sieht man die einander schalenförmig umhüllenden Blätter. Die Küchenzwiebel *(Allium cepa)* ist ein gutes Beispiel dafür. Je weiter die Schichten zur Außenseite wandern, desto dünner werden sie; die Außenhaut besteht oft nur noch aus einer trockenen Schale, der sogenannten Zwiebeldecke. Mit den Jahren wird eine Zwiebel größer und größer.

Doch es gibt Ausnahmen. Bei Tulpen beispielsweise verbraucht sich die Zwiebel in der Vegetationsperiode vollständig und an ihre Stelle tritt eine neue. Derartige Zwiebeln besitzen keine mit den Jahren gewachsene Schalenstruktur, wohl aber eine Zwiebeldecke, die oft als Schutz vor der kalten Jahreszeit lederartig ist. Bei anderen Pflanzen, etwa den Lilien, bestehen die Zwiebeln nicht aus Schichten, sondern aus Schuppen, die nur an der Basis miteinander verbunden sind. Hier fehlt auch die gemeinsame Außenhaut. Bei Knoblauch bildet die Zwiebel an den Blattbasen Zehen.

SPROSSKNOLLEN

Eine Spross- oder Stängelknolle kann in Form einer Zwiebel gewachsen sein, bildet sich aber nicht aus den Blättern, sondern aus der Sprossachse. Während die Laubblätter absterbenben, speichert die Sprossachse die Nährstoffe für die neue Wachstumsperiode und schwillt an. Anders als bei Zwiebeln gibt es hier keine Schichten; die Knolle ist ein massives Gebilde, das relativ fest sein kann. Die Außenhaut ist in der Regel trocken wie bei einer Zwiebel. An der Außenfläche bilden sich Augen oder Knospen, die zu neuen Stängeln mit Blättern und Blüten heranwachsen und an deren Unterseite sich neue Wurzeln bilden. Eine Sprossknolle erneuert sich gewöhnlich Jahr für Jahr, denn alle in ihr enthaltenen Nährstoffe werden von der neu wachsenden Pflanze aufgezehrt. Beim Ausgraben findet man gewöhnlich die ausgetrocknete alte Knolle unter der neuen.

Zu den Sprossknollen zählen Krokusse, Gladiolen, Montbretien und die Zeitlosengewächse. Zwiebeln und Sprossknollen brauchen ähnliche Wachstumsbedingungen. Weil sich Knollen jedes Jahr erneuern, brauchen Knollenpflanzen in der Wachstumsphase genug Licht und Feuchtigkeit, damit die neue Knolle stark und gesund heranwachsen kann.

WURZELKNOLLEN

Wurzelknollen sind Umwandlungen der Wurzeln. Alpenveilchen, Kobralilien (*Arisaema* sp.), Aronstabgewächse, Lerchensporn *(Corydalis solida)* oder Winterlinge bilden beispielsweise diese unterirdischen Speicherorgane.

Wurzelknollen tragen Triebknospen (Augen), aus denen neue Stängel mit Blättern und Blüten austreiben; die Wurzeln wachsen normalerweise aus der Unterseite. Auf einer Knolle können sich mehrere Triebknospen bilden, etwa beim Alpenveilchen. Steppenkerzen (*Eremurus* sp.) mit ihren fingerartigen Wurzelknollen bilden neue Knospen ausschließlich am Stängelansatz.

Die meisten Wurzelknollen können wie Zwiebeln gepflanzt werden, einige jedoch, wie Alpenveilchen, sollten nahe der Erdoberfläche gesetzt werden.

RHIZOME

Rhizome sind unterirdische horizontal wachsende Ausläufer der Sprossachse. Auch bei vielen rhizombildenden Pflanzen sterben die oberen Pflanzenteile Jahr für Jahr ab und die Pflanze überdauert die Winterperiode mithilfe des fleischigen Rhizoms.

Viele dieser Pflanzen werden ähnlich wie Zwiebelpflanzen gesetzt. Trockenheitsresistent sind Schmucklilien (*Agapanthus* sp.) und Sumpfspaltgriffel *(Hesperantha coccinea)*. Aber nicht alle Rhizombildner sind besonders an trockene Bedingungen angepasst. Bekannte Vertreter wie die Waldlilien (*Trillium* sp.) und Maiglöckchen *(Convallaria majalis)* haben ihre Ruhephase während der trockeneren Zeit des Jahres. Sie werden oft gemeinsam mit Zwiebelpflanzen angeboten.

Achten Sie beim Kauf von Lilienknollen auf deren Unversehrtheit. Sie sollten nicht zu stark ausgetrocknet und frei von Schimmelbefall sein.

Schneeglöckchen können Sie grün belaubt in der Wachstumsphase kaufen, sie sollten dann aber sofort gesetzt werden.

AUSWAHL UND KAUF VON ZWIEBELN

Sommer ist die richtige Zeit, um Zwiebelpflanzen zu kaufen, die im späten Winter und Frühjahr erscheinen, oder einen der wenigen Vertreter, die im Herbst blühen, wie die Herbst-Zeitlose *(Colchicum autumnale)*. Alle diese Pflanzen haben im Sommer ihre Ruhephase. Wer sie in dieser Zeit kauft, sollte sie alsbald in die Erde bringen. Die im Sommer blühenden Varianten werden dagegen bereits im Winter oder Frühling verkauft und im Frühling gesetzt.

Ob Sie nun das verlockende Angebot der Gärtnereien und Gartencenter, die bunten Pflanzenkataloge oder das Internet durchforsten, die Auswahl der richtigen Blumenzwiebeln ist nicht leicht, deshalb hier ein paar Ratschläge. Verlegen Sie sich für den Privatgarten besser auf wenige Sorten in größerer Stückzahl als auf zahlreiche Sorten in kleinen Mengen. Eine stattliche Gruppe von 25–50 Tulpen beispielsweise wirkt um ein Vielfaches eindrucksvoller als fünf einsame Stängel.

Beachten Sie auch die Blütezeit. Sie haben die Wahl, den Saisonstart mit Frühblühern wie der Narzisse 'February Gold' in Gelb einzuläuten oder ein farbenfrohes Frühlingsfeuerwerk mit verschiedenen gleichzeitig blühenden Sorten zu veranstalten.

In Töpfen und Schalen können natürlich auch schon einige wenige Zwiebelblumen Furore machen. Rechnen Sie mit zehn Tulpen pro Topf und pflanzen Sie unterschiedliche Sorten in separate Töpfe. Oder Sie probieren den in Projekt 4 beschriebenen Trick, um mit mehreren Sorten in einem Pflanztopf wunderbare Farbkombinationen zu zaubern (siehe Seite 58).

Blumenzwiebeln müssen aber nicht zwingend in ihrer Ruhephase gekauft werden, zur Blütezeit werden überall vorgetriebene Topfpflanzen angeboten. Nach dem Abblühen können Sie die Pflanzen in den Garten setzen, wo sie nächsten Jahr erneut blühen werden. Neuerdings werden Schneeglöckchen (*Galanthus* sp.) auch nach der Blüte, aber noch grün belaubt angeboten. Und man kann Bünde mit frisch ausgegrabenen Zwiebeln kaufen, die allerdings unmittelbar wieder in die Erde gesetzt werden sollten.

Setzen Sie Blumenzwiebeln am besten gleich in die Erde. Nur bei wenigen, wie Tulpen, wartet man den Spätherbst ab.

Achten Sie beim Kauf von Blumenzwiebeln stets auf Druckfestigkeit und Unversehrtheit. Sie sollten weder weich sein, noch faulige Stellen aufweisen. Je früher man sie kauft, desto eher sind sie gesund. Zum Ende der Saison finden sich oft preiswerte Sonderangebote, aber manche Zwiebeln vertragen lange Lagerzeiten schlecht und trocknen dabei zu stark aus, wobei dies Tulpen- und Zierlaucharten oft besser überstehen als andere. Überprüfen Sie, ob die Zwiebeln in der Verpackung schon ausgetrieben sind. Dies gilt insbesondere für Zeitlosen (*Colchicum* sp.). Sind bereits Blattspitzen zu sehen, müssen die Zwiebeln umgehend in die Erde.

Für den Kauf im Internet empfiehlt es sich, auf einen Fachhändler zu setzen. Bleiben Sie misstrauisch bei extrem günstigen Angeboten. Der Kauf großer Stückzahlen, beispielsweise im Kilo, könnte sich lohnen. Auch werden Zwiebeln oft nach Größen sortiert und die kleineren billiger angeboten. Nachteil könnte sein, dass diese vielleicht nicht gleich im ersten Jahr blühen oder sich gänzlich als zu kraftlos zum Überleben entpuppen.

ZWIEBELBLUMEN IM GARTENJAHR

Winter
Mitten im Winter, bei Nachtfrösten und vielleicht einer Schneedecke, scheint im Garten kein Leben möglich. Bei genauem Hinsehen aber schieben bereits die Schneeglöckchen ihre Spitzen aus dem gefrorenen Boden. Ab Februar zeigen sich gelbe Blüten von Winterlingen oder rosafarbene von Vorfrühlings-Alpenveilchen *(Cyclamen coum)* und nicht viel später die ersten Krokusse.

Winterblüher haben vor der Kulisse des nackten Bodens die Bühne für sich und wenn die Konkurrenz der Frühjahrs- und Sommerpflanzen erwacht, haben sie sich schon längst wieder in den Boden zurückgezogen. Pflanzen Sie die Winterblüher dort, wo Sie sie richtig genießen können: an Stellen, die vom Fenster aus sichtbar sind, oder in Töpfen und Schalen neben der Eingangstür. Von allen Zwiebelblumen sind es die winterblühenden, die uns in besonderem Maße Hoffnung spenden.

Frühling
Sind die Winterblüher Hoffnungsträger, so sind es die Frühjahrsblüher, die uns die Freude bringen, auf die wir gehofft hatten. Mit zunehmender Wärme entwickeln sich die Zwiebelpflanzen rasch. Neue Sprosse strecken sich in die Länge und tragen bald Blüten, die den Garten verwandeln. Zu Frühlingsbeginn verzieren Krokusse wie kleine Juwelen den Rasen. Unter kahlen Zweigen breiten sich, noch vor dem Neuaustrieb der Bäume, Hundszahn (*Erythronium* sp.), Blausterne (*Scilla* sp.) oder ein Windröschenteppich aus. Der spätere Frühling ist die Saison von Osterglocken, Tulpen, Hyazinthen, Fritillarien und vielen anderen.

In einer Rabatte füllen die Frühjahrszwiebelpflanzen die Lücken zwischen Büschen und stehen bereits in voller Blüte, wenn die Stauden gerade erst zum Leben erwachen. Die Zwiebelpflanzen ergänzen andere Frühjahrsblumen wie Vergissmeinnicht (*Myosotis* sp.) und Tränendes Herz *(Lamprocapnos spectabilis)*. Kombinieren Sie Narzissen mit Kaukasusvergissmeinnicht *(Brunnera)* und Tulpen mit den frischen Blättern von Lupinen. Beschlossen wird die Saison dann von Hasenglöckchen (*Hyacinthoides* sp.) unter zunehmend Schatten spendenden Bäumen und Prärielilien (*Camassia* sp.), die das langsam wachsende Gras verschönern.

Sommer
Sommerblühende Zwiebelpflanzen stehen in Konkurrenz zu anderen üppig blühenden Gartenbewohnern. Die Saison wird eröffnet vom hohen, dekorativen Zierlauch, dessen lilafarbene Kugelköpfe über den schnell heranwachsenden Stauden zu schweben scheinen. Der Zierlauch ist genau genommen eine Frühjahrspflanze, deren Blüte spät am Ende ihrer Vegetationsperiode erscheint.

Im Sommer faszinieren Montbretien (*Crocosmia* sp.) mit lanzettförmigen Blättern in dichten Büscheln, aus denen sich die hohen Blütenrispen erheben. Sie sind leuchtende Farbtupfer im Garten und ihre Blätter bleiben bis in den Herbst hinein erhalten. Jetzt ist auch die Zeit der Lilien (*Lilium* sp.) mit ihren dicht belaubten Stielen. Die Blätter können in Quirlen gruppiert stehen wie beim Türkenbund *(Lilium martagon)*, der im Frühsommer zur Blüte gelangt. Später blühende Lilien wie *Lilium henryi* heben auf luftigen Stängeln ihre Blüten hoch über die Konkurrenz der benachbarten Pflanzen hinaus.

Die Ananaslilien (*Eucomis* sp.) und die später blühenden Zierlaucharten wie der Berg-Lauch *(Allium senescens)* sind kleiner und unterliegen daher im Wettkampf mit den größeren

OBEN LINKS *Galanthus nivalis* im Winter.
UNTEN LINKS *Lilium regale* im Sommer.

OBEN RECHTS *Narcissus pseudonarcissus* im Frühling.
UNTEN RECHTS *Colchicum autumnale* im Herbst.

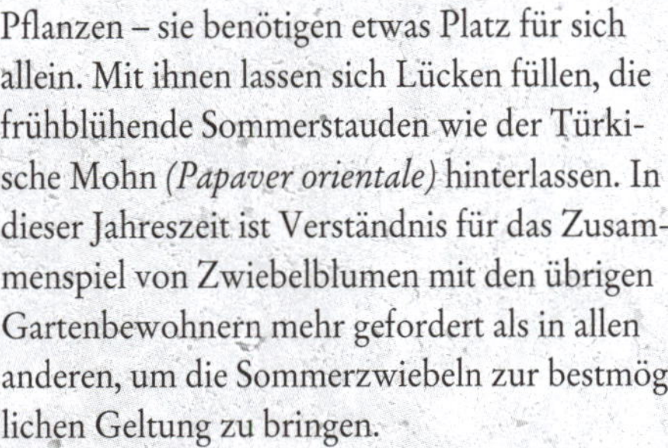

Pflanzen – sie benötigen etwas Platz für sich allein. Mit ihnen lassen sich Lücken füllen, die frühblühende Sommerstauden wie der Türkische Mohn *(Papaver orientale)* hinterlassen. In dieser Jahreszeit ist Verständnis für das Zusammenspiel von Zwiebelblumen mit den übrigen Gartenbewohnern mehr gefordert als in allen anderen, um die Sommerzwiebeln zur bestmöglichen Geltung zu bringen.

Herbst

Zwiebelblumen, deren Ruhephase im Sommer liegt, beginnen im Herbst zu wachsen – in der Regel wenn häufigere Regenfällen die Trockenperiode beenden. Bei den meisten Zwiebeln, die im Herbst gepflanzt werden, beginnt das Wachstum an den Wurzeln, gefolgt von den Blättern, während sich die Blüten erst im Frühjahr zeigen. Es gibt jedoch auch solche, deren Blüten vor den Blättern erscheinen und die den Garten im Herbst noch einmal neu beleben, während die Glanzstücke des Sommers ihren Höhepunkt gerade überschritten haben.

Besonders schön an den herbstblühenden Zwiebelpflanzen ist, dass sie quasi aus dem Nichts auftauchen: Eben war die Erde noch nackt und im nächsten Moment ist sie mit farbenfrohen Blüten übersäht. Im frühen Herbst erscheinen im Rasen oder am Fuß eines Baums die Blütenkelche des Pracht-Herbst-Krokus *(Crocus speciosus)* und des Pyrenäen-Herbst-Krokus *(Crocus nudiflorus)*. Ihnen ähnlich ist die Herbst-Zeitlose *(Colchicum autumnale)*, die oft fälschlicherweise als Herbstkrokus bezeichnet wird, jedoch sind ihre Blüten größer und die Blätter breiter.

Die ersten Blüten der Herbst-Alpenveilchen *(Cyclamen hederifolium)* öffnen sich im Spätsommer, bald gefolgt von der Herbst-Knotenblume *(Acis autumnalis)*. Und auch Guernsey- und Belladonnalilien *(Nerine* und *Amaryllis belladonna)* sind mit rosa Blütenkelchen langgestielte Vertreter der herbstblühenden Zwiebeln.

Zwiebelblumen verwildern

Eine besonders hübsche Art, Zwiebelblumen im Garten anzupflanzen, ist das Verwildern. Gemeint ist damit, sie so zu pflanzen, als hätten sie sich auf natürliche Weise angesiedelt. Einmal am richtigen Standort, in einem Beet oder im Rasen, werden sie sich ganz von allein ausbreiten (siehe Seite 133.) Besonders geeignet sind dafür frühblühende Sorten, aber auch einige herbstblühende.

Wichtig ist eine wie zufällig wirkende Anordnung – sie gleichmäßig zu verteilen sieht immer künstlich aus. Man erreicht die gewünschte Natürlichkeit, indem man eine Handvoll Zwiebeln einfach auf den Boden wirft und dort pflanzt, wo sie hingefallen sind. An einigen Stellen werden sie dicht beieinander liegen – was in Ordnung ist, solange eine Zwiebelbreite Platz zwischen ihnen bleibt. An anderen Stellen liegen gar keine, aber auch das trägt zum natürlichen Eindruck bei. Ergebnis ist ein Bewuchs, der in einigen Bereichen dichter und in anderen weniger dicht ist – wie in der Natur auch.

Ein besonders schönes Schauspiel bietet ein solcher Bewuchs im Rasen. Verteilen Sie die Zwiebeln wahllos und graben Sie für jede ein Loch mit der Pflanzkelle oder einem speziellen Blumenzwiebelpflanzer. Die Lochtiefe sollte mindestens dem Dreifachen der Zwiebelhöhe entsprechen. Für eine Rasenbepflanzung eignen sich niedrig wachsende Reifrock-Narzissen *(Narcissus bulbocodium)*, die höheren gelben *Narcissus pseudonarcissus* oder auch die spätblühenden weißen Dichter-Narzissen *(Narcissus poeticus)*. Eine hochwachsende Sorte, die sich gut in einer Wiese macht, ist die Leichtlin-Prärielilie *(Camassia leichtlinii)*. Bei einer Bepflanzung des Rasens darf so lange nicht gemäht werden, bis das Laub der Blumen gelb geworden ist, weshalb diese Art der Bepflanzung nicht für formale Gärten geeignet ist. Sowohl die Prärielilie als auch die weiße Narzisse blühen erst im späten Frühling, was bedeutet, dass Sie mit dem Mähen bis in den Frühsommer warten sollten.

Kleinere Zwiebelpflanzen, die sich zum Auswildern eignen, sind Schneeglöckchen (*Galanthus* sp.), Krokusse (sowohl Frühjahrs- als auch Herbstsorten), Blausterne (*Scilla* sp.) und die Schachblume *(Fritillaria meleagris)*. Um sie im Rasen zu pflanzen, hebt man einen Teil der Rasendecke mit dem Spaten ab, streut die Zwiebeln auf die Erde und deckt die Grasnarbe wieder darüber. Manche Zwiebeln, etwa von *Fritillaria* oder *Narcissus bulbocodium*, benötigen das ganze Jahr über Feuchtigkeit. Sie eignen sich also am besten für einen feuchteren Rasenbereich.

Auch in Beeten wirken natürlich anmutende Ansammlungen, etwa Kolonien von Winterlingen *(Eranthis hyemalis)*, Balkan-Windröschen *(Anemone blanda)*, Hundszahn (*Erythronium* sp.), Zeitlosen (*Colchicum* sp.) und leuchtend roten *Tulipa sprengeri*. Im Beet entfällt auch die Sorge, beim Mähen die Blätter zu früh zu beseitigen.

Nach der Blüte

Damit Zwiebelblumen lange leben, brauchen sie nach der Blüte die richtige Pflege. Nach der Blüte beginnt die Pflanze, die Reservestoffe für die Ruhephase und den nächstjährigen Neuaustrieb einzulagern. Diese Nährstoffe werden in den Blättern gebildet. Lassen Sie das Laub

Crocus speciosus blüht im Herbst und lässt sich gut im Rasen verwildern.

stehen, bis es auf natürliche Weise abgestorben ist, und binden Sie es auch nicht hoch. Sonst behindern Sie die Photosynthese und damit die Nährstoffproduktion, was die Zwiebel schwächt.

Auch mit dem Rasenmähen sollten Sie abwarten, bis die oberirdischen Pflanzenteile Ihrer Zwiebelblumen abgestorben sind. Frühblüher wie Schneeglöckchen und Frühlingskrokusse sterben ab, bevor der Rasen allzu unansehnlich wird. Bei Narzissen, besonders bei den spätblühenden Sorten, steht das Gras jedoch schon hoch, bis das Mähen wieder ohne Schaden möglich wird. Als allgem eine Faustregel gilt, dass erst sechs Wochen nach der Zwiebelblüte wieder gemäht werden sollte.

Ist das Zwiebellaub braun und trocken, lässt es sich leicht ablösen; solange dies noch nicht der Fall ist, sollten Sie es an der Pflanze belassen. Trockenes Laub sollten Sie allerdings entfernen, weil die sich zersetzenden Blätter Pilzinfektionen begünstigen, die auf die Zwiebel übergehen können. Der Blütenstängel kann zu dieser Zeit noch intakt sein. Wenn Sie verhindern wollen, dass die Samen ausreifen, schneiden Sie ihn einfach ab.

Zierlauch-Arten blühen am Ende ihrer Vegetationsperiode, nachdem die Blätter oft bereits abgestorben sind. Ihre Samenstände sind attraktiv und können zur Zierde stehen bleiben. Werden auch sie unansehnlich, schneiden Sie die Stängel in Bodenhöhe ab.

Bei sehr schweren, feuchten Böden ist es ratsam, die Zwiebeln nach der Blüte aus der Erde zu nehmen, damit sie den Sommer überleben. Mit dem Auftreten erster brauner Blätter kann man sie ohne Bedenken aus dem Boden heben. Anschließend die Blätter nicht entfernen, sondern abwarten, bis sie von allein abfallen. Die Zwiebeln kühl, trocken und dunkel lagern, zum Beispiel im Gartenhaus oder in der Garage, bis es im Herbst Zeit ist, sie erneut in die Erde zu bringen. Bei einigen Tulpen empfiehlt sich dieses Vorgehen, da ihnen zu viel Feuchtigkeit im Sommer schadet. Bei dieser Gelegenheit kann man die Zwiebeln nach Größen sortieren und nur die größten später wieder einpflanzen. Nicht sicher winterharte Sorten müssen ebenfalls aus der Erde gehoben werden.

BODENVORBEREITUNG UND PFLANZUNG

Um den Pflanzen beste Startbedingungen zu geben, lohnt es sich, die Erde vor dem Pflanzen aufzubereiten. Pflanzen brauchen Luft, Wasser und Nährstoffe. Die meisten Pflanzen vertragen keine Staunässe. Erde, die Feuchtigkeit speichert und gleichzeitig gut durchlässig ist, mag wie ein Widerspruch in sich klingen, für Zwiebelpflanzen aber ist sie das Ideal. Gemeint ist damit Erde, die die Feuchtigkeit lange genug hält, damit sich die Pflanzen vollsaugen können, während überschüssiges Wasser frei abfließen kann. Die meisten Zwiebelpflanzen sind an Trockenheit während der Ruhephase angepasst – in zu nasser Erde verrotten sie schnell.

Fast jeder Erdboden besteht aus einer Mischung aus Sand, Schluff und Ton. Sand weist dabei die größte Korngröße auf, Ton die kleinste. Halten sich alle drei Korngrößen in etwa die Waage, spricht man von Lehmboden. Sehr schwere Lehmböden mit hohem Tonanteil sind dicht und klebrig und werden hart wie Stein, wenn sie trocknen. Das sind schlechte Voraussetzungen für Zwiebelpflanzen. Sandige Böden dagegen sind leicht und gut durchlüftet, halten aber Nährstoffe und Wasser nicht zurück. Dies kommt der Zwiebel in ihrer Ruhephase entgegen, nicht jedoch in der Wachstumsphase, da braucht sie ausreichend Feuchtigkeit. Der beste Boden ist ein sandiger, gut durchlässiger Lehmboden mit einem Anteil an organischem Material, also aus zersetzten Pflanzenresten, die wertvolle Nährstoffe liefern.

Um den Boden zu verbessern, fügt man dem Boden reifen Garten- oder Laubkompost oder vollständig verrotteten Dung hinzu. Bei schweren Tonböden bricht das die feste Krume auf, durchlüftet den Boden und macht ihn wasserdurchlässig. Von heute auf morgen geht das allerdings nicht, erst nach mehreren Jahren entsteht bei jährlichen Kompostgaben ein fruchtbarer Boden. Bei Sandboden verbessert das organische Material die Wasseraufnahmefähigkeit und liefert Nährstoffe für die Pflanzen. Zusätzlich können Sie Ihren Boden während der Wachstumsphase mit niedrig dosiertem Stickstoffdünger aus Blut-, Fisch- oder Knochenmehl oder verdünntem Tomatendünger aufbessern.

Der pH-Wert variiert von Boden zu Boden. Bei einem niedrigen pH-Wert spricht man von saurer Erde, bei einem hohen von alkalischer oder basischer Erde. Dazwischen liegt die neutrale Erde mit einem Boden-pH-Wert von etwa 7. Es gibt fertige Boden-Testsets zu kaufen, mit denen Sie den pH-Wert bestimmen können. Die meisten Blumenzwiebeln fühlen sich in neutralem bis leicht alkalischem Boden am wohlsten, kommen aber mit leicht saurem Milieu auch noch gut zurecht. Nur wenige brauchen dezidiert sauren Boden, darunter hauptsächlich die Gruppe der Orientalischen Lilienhybriden. Waldpflanzen wie Hundszahn (*Erythronium* sp.), Waldlilien (*Trillium* sp.) und *Narcissus cyclamineus* tolerieren sauren Boden am ehesten.

Nach der Bodenvorbereitung geht es ans Pflanzen. Die Pflanztiefe hängt von der Größe der Zwiebel ab: je größer die Zwiebel, desto tiefer das Loch. Für kleine Zwiebeln sind 10 cm empfehlenswert, bei größeren wählt man mindestens das Dreifache der Zwiebelhöhe. Das heißt, für eine Zwiebel, die von der Spitze bis zum Boden 5 cm misst, graben Sie ein mindestens 15 cm tiefes Loch. Die obere Bodenschicht kann bei milden Temperaturen austrocknen und Zwiebeln, die sich in dieser obersten Schicht befinden, könnten dadurch in ihrem Wachstum behindert werden. Größere Zwiebeln, etwa von Tulpen, die zu weit oben im Boden liegen, neigen dazu, sich in kleinere Zwiebeln zu spalten, die aber nicht blühfähig sind.

Aber es gibt Ausnahmen. Alpenveilchen setzt man beispielsweise dicht unter die Oberfläche, weil ihre zarten Blütenstängel dicke Erdschichten nicht durchdringen können. Darf eine Zwiebelpflanze nicht so tief in die Erde gesetzt werden, so ist dies im Porträt vermerkt.

LINKS OBEN: Gute Gartenerde besteht aus Sand, Schluff, Ton und organischem Material.
LINKS MITTE: Die Pflanzkelle dringt bei gut vorbereitetem Boden leicht in die Erde ein.
LINKS UNTEN: Die wenigen benötigten Hilfsmittel zum Pflanzen der Zwiebeln: Spaten, Pflanzkelle oder Pflanzautomat, Blumentopf für kleine Zwiebeln, feiner Kies zum Bedecken der Erde.

ZWIEBELPFLANZEN IN TÖPFEN

Mit dem Bepflanzen von Gefäßen macht man sich frei von der Beschaffenheit des Gartenbodens. Außerdem können Sie die Blumen leicht umstellen, etwa um sie vor widrigem Wetter zu schützen, und wenn es keinen Garten gibt, zieren sie das Fensterbrett oder den Eingang. Probieren Sie in einem Pflanzgefäß verschiedene Kombinationen von Zwiebelblumen aus und ersetzen Sie abgeblühte Pflanzen durch später blühende.

Wählen Sie die Proportionen des Behälters passend zur blühenden Pflanze. Hohe Lilien und große Tulpen benötigen große, tiefe Gefäße, während kleinere Zwiebelpflanzen für breite, flache Schalen, Blumenkästen oder kleine Terrakottatöpfe in Betracht kommen. Da kleinere Töpfe schneller austrocknen, sollten Sie regelmäßig die Bodenfeuchtigkeit überprüfen. Greifen Sie bei großen Kübeln für den Fingertest etwas tiefer in die Erde: Während sich die Erde an der Oberfläche schon trocken anfühlt, kann sie unten noch durchnässt sein. Dann sollten Sie mit dem Gießen noch warten. Unerlässlich sind Löcher im Boden des Topfs, damit überschüssiges Wasser abfließen kann.

Wählen Sie für den Topf eine lehmige Erde, die sie für den besseren Wasserabfluss mit etwas Sand oder feinen Kies mischen. Für die meisten Zwiebeln ist folgende Mischung ideal: zwei Teile lehmige Erde und ein Teil Kies von 3–5 mm Körnung. Für Waldblumen versetzen Sie die Erde anstelle von Kies mit Kompost. Er hält genügend Feuchtigkeit im Boden und verhindert Staunässe – beste Voraussetzungen für humusliebende Pflanzen.

Beim Pflanzen den Topf zu etwa zwei Dritteln mit Erde füllen. Dann die Zwiebeln gleichmäßig auf der Erdoberfläche verteilen, ohne dass sie sich berühren. Zwiebeln, die sehr gut drainierten Boden benötigen, legen Sie auf eine Schicht aus Sand, das schützt sie während der Ruhezeit vor zu viel Feuchtigkeit. Dann den Topf so mit der Erdmischung auffüllen, dass etwa 2,5 cm bis zum Topfrand frei bleiben. Zum Schluss können Sie die Oberfläche mit einer Schicht Kies oder Granulat abdecken. Das sieht nicht nur schön aus, sondern schützt auch die Blätter bei Regen oder beim Gießen vor hochspritzender Erde.

Kleine Zwiebelblumen wie *Hyacinthella dalmatica* oder Traubenhyazinthen (*Muscari* sp.) eignen sich hervorragend zur Bepflanzung von Töpfen.

Nach dem Pflanzen reichlich gießen. Sobald Wasser aus dem Loch im Boden läuft, können Sie von guter Durchfeuchtung ausgehen. Bis die Blätter erscheinen, gießen Sie nur gelegentlich, wenn sich die Erde trocken anfühlt. Treibt die Pflanze aus, sollte die Erde feucht gehalten werden. Sollen die Zwiebeln ein weiteres Jahr zum Einsatz kommen, zahlt sich während des Wachstums die Gabe einer Flüssignahrung alle

Wählen Sie ein Gefäß, das zur Zwiebel passt und stabil genug für die ausgewachsene Pflanze ist.

Die Zwiebeln von Alpenveilchen werden flach eingepflanzt. Diese Terrakottaschale ist für solche Zwiebeln gerade tief genug.

paar Wochen aus. Verwenden Sie stickstoffarmen Dünger wie halb konzentrierten Tomatendünger, um die Zwiebel zu kräftigen, ohne das Blattwachstum zu stark anzuregen.

Nach dem Abblühen sollten Sie weiter gießen, bis die Blätter braun werden, dann reduzieren Sie die Wassergaben deutlich. Schließlich können Sie die Töpfe an einem trockenen Ort lagern, etwa unter einer Gartenbank, unter Bäumen oder der Dachtraufe. Wollen Sie das Gefäß sofort weiterverwenden, nehmen Sie die Zwiebeln aus der Erde und lassen sie abtrocknen. Sie können sie auch in den Garten setzen und im nächsten Jahr andere Pflanzen in den Töpfen zur Schau stellen.

Zwiebelblumen schmücken auch den Balkonkasten. Dafür geeignet sind Krokusse, *Iris reticulata*, Hyazinthen, kleine Narzissen wie die Sorten 'Tête-à-tête', 'Hawera' und 'Jack Snipe' sowie Traubenhyazinthen (*Muscari* sp.). Auch Tulpen bieten auf dem Fensterbrett oder im Balkonkasten ein spektakuläres Schauspiel.

VERMEHRUNG LEICHT GEMACHT

Anstatt jedes Jahr neue Zwiebeln zu kaufen, kann man die bereits vorhandenen auch vermehren. Dazu stehen mehrere einfache Methoden zur Verfügung.

Vermehrung über Tochter- oder Brutzwiebeln

Eine gesunde Zwiebel wird mit der Zeit größer und bildet kleinere Nebenzwiebeln. Diese Brut- oder Tochterzwiebeln wachsen in ein bis zwei Jahren zu ausgereiften Zwiebeln heran. Sie lassen sich von der Mutterzwiebel abtrennen – dies ist die einfachste Vermehrung bei Zwiebelblumen. Zwiebeln werden während der Ruheperiode geteilt; bei Schneeglöckchen (*Galanthus* sp.) und Winterlingen *(Eranthis hyemalis)* kann dies auch während der Wachstumsphase erfolgen. In der Regel werden die Zwiebeln aber erst ausgegraben, wenn die Blätter fast vollständig abgestorben sind.

Graben Sie den ganzen Ballen aus und ziehen Sie ihn auseinander, bis Sie die einzelnen Zwiebeln voneinander getrennt haben. Diese können Sie anschließend wieder einpflanzen, entweder verteilt auf eine größere Fläche, um die Kolonie zu vergrößern, oder an einen neuen Standort. Beim Teilen findet man oft noch mit der Mutterzwiebel verbundene Tochterzwiebeln. Dies ist vor allem bei echten Zwiebeln zu beobachten, weniger bei Knollen (siehe Seite 10). Ziehen Sie die Brutzwiebeln vorsichtig ab und pflanzen Sie beide wieder ein. Der zusätzliche Platz, den die Zwiebeln nun erhalten, wird das Wachstum neuer Brutzwiebeln anregen.

Haben Sie Töpfe bepflanzt, können Sie die Zwiebeln einfach darin ruhen lassen. Zum Vermehren graben Sie sie aus, sobald die Blätter vollständig abgestorben sind, lassen die anhaftende Erde abtrocknen und trennen dann die Tochterzwiebeln von den Hauptzwiebeln. Die größeren Zwiebeln sind blühfähig. Sie können sie während der Ruheperiode kühl und trocken einlagern und später in einen neuen Topf setzen. Die kleineren Brutzwiebeln topfen Sie separat ein, um sie bis zur Blühreife zu ziehen, oder pflanzen sie im Garten aus.

Die neuen Zwiebelknospen können sich am Boden der Mutterzwiebel, an der Stängelbasis oder gelegentlich auch (meist bei Lilien) in den oberirdischen Blattachseln bilden. Sie sind zunächst winzig und benötigen besondere Zuwendung, damit sie gut gedeihen. Pflanzen Sie sie an einer Stelle, die nicht zu heiß und trocken wird, oder in einen Topf, den Sie gleichmäßig feucht halten – nie vollständig austrocknen lassen!

Die Bildung von Brutzwiebeln anregen

Bei echten Zwiebeln lässt sich die Produktion von Brutknospen anregen, indem man die Mutterzwiebel einschneidet oder zerteilt. Die Schichten einer Zwiebel sind am gestauchten Zwiebelboden scheibenförmig miteinander verwachsen. Aus dieser Zwiebelscheibe, auch Zwiebelkuchen genannt, sprießen die Wurzeln.

Um die Bildung von Brutzwiebeln anzuregen, kann man den Zwiebelboden gegen Ende der Zwiebelruhezeit kreuzförmig flach einschneiden. Die Zwiebel sollte intakt bleiben. Verwenden Sie ein scharfes, sauberes Messer. Nach dem Einschneiden die Zwiebel aufrecht in eine Schale mit Sand stecken, sodass der Zwiebelboden bedeckt ist. Den Sand nicht nass, aber durch tägliches Sprühen leicht feucht halten. An den Schnittstellen bilden sich innerhalb weniger Wochen kleine Brutzwiebeln. Sobald sie sich leicht ablösen lassen, setzen Sie sie in einen Topf mit guter Erde (siehe Seite 20). Die Erde sollte immer relativ feucht sein, damit

Schneeglöckchen lassen sich einfach vermehren, indem man die Brutzwiebeln von der Mutterzwiebel ablöst und einpflanzt.

die kleinen Zwiebeln nicht austrocknen. Sie treiben Blätter zur selben Zeit wie die Mutterzwiebel und werden langsam anschwellen. Zu Beginn der Ruhephase pflanzen Sie sie in einen größeren Topf oder in den Garten um.

Vermehrung über Schuppen und durch Teilen
Manche Zwiebeln, beispielsweise von Lilien, bestehen aus losen Schuppen, die von der gemeinsamen Basis abgezogen und zu neuen Pflanzen gezogen werden können. Dies nennt sich Schuppenvermehrung. Entfernen Sie gegen Ende der Vegetationsperiode vorsichtig einige Schuppen von der Mutterzwiebel. Legen Sie die Schuppen in einen Plastikbeutel mit feuchtem Vermiculit (einem Mineralboden) und bewahren Sie sie in einem warmen Raum auf. In vier bis sechs Wochen hat jede Schuppe eine kleine Zwiebel gebildet. Sobald sich Wurzeln an den kleinen Zwiebeln zeigen, können sie in Erde eingepflanzt werden.

Echte Zwiebeln, etwa von Narzissen, Hyazinthen, Schneeglöckchen (*Galanthus* sp.) und Blausternen (*Scilla* sp.), können Sie in der Ruhezeit vermehren, indem Sie sie teilen. Wichtig ist dabei, dass jedes Stück einen Teil des Zwiebelbodens enthält. Schneiden Sie die Zwiebel senkrecht in keilförmige Stücke und verfahren Sie wie mit Zwiebelschuppen. Die Jungzwiebeln entstehen in diesem Fall aus dem Rest des Zwiebelbodens. Wenn Sie der Ehrgeiz packt, können Sie sich am „Twin-Scaling" versuchen. Bei dieser Spezialmethode teilen Sie die Mutterzwiebel in viele schmale Schnitze, bei denen sich immer zwei ein Stückchen des Zwiebelbodens teilen. Auf diese Weise lässt sich ein Vielfaches an Jungzwiebeln heranzüchten.

Bei allen genannten Vermehrungsmethoden sind die neu entstandenen Zwiebeln mit der Mutterzwiebel genetisch identisch, man spricht von vegetativer Vermehrung. Diese Art der Vermehrung setzt man bei Zwiebelpflanzen ein, die kein vermehrungsfähiges Saatgut produzieren, dazu gehören die meisten Tulpen- und Narzissenzüchtungen.

Vermehrung durch Samen
Bis aus einem Zwiebelsamen eine blühende Pflanze wird, können mehrere Jahre ins Land gehen, allerdings lassen sich auf diese Weise weit mehr Pflanzen gewinnen als durch vegetative Vermehrung.

Die Samen erscheinen nach der Blüte. Zwiebelpflanzen wie Zierlauch-Arten bilden attraktive Samenstände, die hoch über dem Boden schweben, andere wie Krokusse halten ihre Samenkapseln knapp über der Erde, wo man sie zwischen den absterbenden Blättern suchen muss. Das Saatgut ist reif, wenn die Samenkapsel braun wird und aufbricht. Man schneidet die Kapsel ab und öffnet sie oder legt sie in eine Papiertüte, um die Samenkörnchen aufzufangen (siehe Seite 104). Die Samen können winzig, rund und schwarz sein wie kleine Pfefferkörner, aber auch groß, flach und fein wie Seidenpapier.

Legen Sie die Samen in einen Anzuchttopf mit Erde und bedecken Sie sie mit einer dünnen Schicht gesiebter Erde und einem Belag aus feinem Kies. Vorsichtig angießen und die Erde danach feucht halten. Den Topf schattig und geschützt ins Freie, auf die Fensterbank, in einen kühlen Raum oder ins Gewächshaus stellen. Wenn die Samen austreiben, erscheinen bei den meisten Zwiebelpflanzen zunächst dünne, grashalmähnliche Keimblätter. Lassen Sie die Setzlinge ungestört in ihren Töpfen, bis sie eine kleine Zwiebel ausgebildet haben. Dies kann ein oder zwei Jahre dauern! Danach nehmen Sie die Zwiebelchen während der Ruhephase aus den Töpfen und setzen sie in größere Gefäße um. Einige Jahre danach sollten sie groß genug zum Auspflanzen in den Garten sein.

Manche Samen können auch direkt an Ort und Stelle gesät werden. *Tulipa sprengeri* und

An einem Blütenkopf des Zierlauchs sind reife Samen entstanden.

Manche Pflanzen wie die Riesenlilie *(Cardiocrinum giganteum)* bilden große, flache Samen.

Cyclamen coum beispielsweise sind auf diese Weise leicht zu kultivieren. Manche Zwiebelpflanzen breiten sich ohnehin ganz von allein über Samen aus.

Winterhärtezonen

Bei den Pflanzenprofilen in diesem Buch ist jeweils die Winterhärte angegeben. Sie besagt, mit welcher Minimaltemperatur die Pflanzen zurechtkommen. Je geringer die Zahl ist, desto kältere Temperaturen hält die Pflanze aus. Neben der Temperatur spielen für das Überleben noch viele weitere Aspekte eine Rolle, zum Beispiel Wind- und Grundwasserverhältnisse, Bodenart und Niederschlagsmenge. Fragen Sie im Zweifelsfall bei der Gärtnerei oder dem Gartenfachhändler nach, wo Sie die Pflanzen bzw. Zwiebeln beziehen.

Zone	Temperatur
1	unter -46 °C
2	-46 bis -40 °C
3	-40 bis -34 °C
4	-34 bis -29 °C
5	-29 bis -23 °C
6	-23 bis -18 °C
7	-18 bis -12 °C
8	-12 bis -7 °C
9	-7 bis -1 °C
10	-1 bis +4 °C
11	über +4 °C
12	+10 bis +15 °C
13	über +15 °C

Pflanzen-porträts

—

Herbst-Knotenblume

Acis autumnalis, syn. *Leucojum autumnale*

Die zarten weißen Glöckchen der Herbst-Knotenblume halten sich auf dünnen Stielen dicht über dem Boden. Kleine, im Wind schwingende Pulks dieser Pflanzen lassen im Herbst einen Hauch von Feengarten entstehen.

Familie Amaryllidaceae

Wuchshöhe
10–15 cm

Blütezeit
Herbst

Winterhärte
Zone 8

Standort
sonnig, ohne Staunässe

STANDORT

In Kästen, im Steingarten oder am Rand eines sonnigen Beets, wo die niedrigen Blümchen nicht von anderen Pflanzen überdeckt werden. Die Herbst-Knotenblume benötigt gute, lockere Erde, die Feuchtigkeit zurückhält, ohne Staunässe zu verursachen.

PFLANZBEDINGUNGEN

Bald nach dem Setzen der kleinen Zwiebeln im Spätsommer erscheinen die Blüten. Die grasähnlichen Blätter ziehen erst im Frühling ein.

TIPPS

In Töpfe gepflanzt, wird sie nicht von anderen Pflanzen überwuchert. Die Töpfe können Sie an eine zentrale Stelle rücken, sobald die Blüten erscheinen.

ÄHNLICHKEITEN
Die Art wurde früher der Gattung *Leucojum* zugezählt. DNA-Analysen zeigten jedoch, dass sie der Gattung *Acis* angehört.

Schmucklilien

Agapanthus sp., auch Liebesblume

Imposante Blütenköpfe in Blau, Violett, Weiß, bisweilen auch Rosa, erscheinen ab Mitte des Sommers hoch über den riemenförmigen Blättern. Schmucklilien stammen aus Südafrika und fügen sich gut in exotische oder mediterrane Gärten ein.

Familie Amaryllidaceae

Wuchshöhe 45–150 cm

Blütezeit Mitte bis später Sommer

Winterhärte Zonen 9–10

Standort warm und sonnig

STANDORT

Warmer, geschützter Bereich, vor einer Mauer oder auf einer sonnigen Erhebung. Benötigt Frostschutz, einige Arten vertragen Kälte besser als andere.

PFLANZBEDINGUNGEN

Im Frühjahr in gut durchlässigen Boden pflanzen und während des Sommers regelmäßig wässern. In Regionen mit Frösten unter –5 °C in Töpfen kultivieren und im Winter in einen frostgeschützten Raum umziehen. Immergrüne Sorten benötigen dort weiterhin Sonnenlicht.

TIPPS

Arten, bei denen das Laub im Winter abstirbt, wie *Agapanthus campanulatus*, gehören zu den winterhärtesten Schmucklilien. Schützen Sie im Winter die Rhizome mit einer dicken Mulchschicht.

Agapanthus africanus

NOBLER NAME

Obwohl als Lilie bezeichnet, ist *Agapanthus* näher verwandt mit der Gattung *Allium*, den Lauchgewächsen (siehe Seite 30).

Zierlauch

Allium sp.

Ab dem späten Frühjahr schweben die ins Auge springenden Blütenbälle des Zierlauchs in Lila, Rosa oder Weiß über den Nachbarpflanzen und verleihen dem Beet ein surreales Erscheinungsbild. Unter den vielen verschiedenen Sorten gelangen einige erst spät im Sommer zur Blüte. Viele eignen sich gut als Schnittblumen (siehe Seite 94). Auch die Samenstände sehen hübsch aus.

Familie Amaryllidaceae

Wuchshöhe 15–150 cm

Blütezeit Spätfrühling bis Spätsommer

Winterhärte Zone 7

Standort vollsonnig

STANDORT

Im sonnigen Beet, im Kiesgarten oder zwischen Ziergräsern, überall dort, wo keine Staunässe entsteht (siehe Seite 34). Kleinere Sorten auch in Töpfen.

Allium senescens

PFLANZBEDINGUNGEN

Der Herbst ist für die meisten Zierlaucharten die beste Pflanzzeit, die Zwiebeln kann man aber bis zum frühen Winter setzen. Große Zwiebeln benötigen ein tiefes Pflanzloch. Setzt man Zierlauch zwischen Sommerblumen, werden diese nach und nach in die Lücken vordringen, die der abgeblühte Lauch hinterlässt.

TIPPS

Verteilen Sie die Zwiebeln zwischen anderen Pflanzen, anstatt Gruppen zu bilden. Die Blütenbälle leiten dann das Auge des Betrachters durch das gesamte Beet.

LECKERE ARTEN

Gemüsezwiebeln, Porree, Schnittlauch, Knoblauch und Schalotten gehören ebenfalls zur Gattung *Allium*.

Allium giganteum

BESONDERE ARTEN UND SORTEN

- Einige Sorten mit eindrucksvollen Namen bilden ebenso imposante Blütenstände, etwa *Allium* 'Globemaster', 'Ambassador' oder 'Gladiator' und der Riesen-Lauch *Allium giganteum. Allium nigrum* und *Allium* 'Mount Everest' blühen weiß.
- *Allium* 'Purple Sensation' eignet sich gut zum Verwildern und breitet sich mit der Zeit durch Selbstaussaat aus, ohne zu wuchern.
- *Allium christophii* gilt als Favorit unter den kürzeren Zierlauchsorten, er hat riesige, lichte Dolden und attraktive Fruchtstände.
- *Allium senescens* blüht von Juli bis Anfang September und gehört damit zu den späten Arten, ebenso *Allium sphaerocephalon,* der mit kleinen, dichten, dunkellila Blütenköpfen ein idealer Partner für hohes Ziergras ist.

Allium sphaerocephalon

Sizilianischer Honig-Lauch

Allium siculum, syn. *Nectaroscordum siculum*, auch Sizilianischer Schein-Lauch, Bulgarischer Schmuck-Lauch

Der Sizilianische Honig-Lauch wird heute zur Gattung *Allium* gezählt, die Zwiebeln werden aber meist unter der Bezeichnung *Nectaroscordum* verkauft. Die glockenförmigen Blüten hängen in lockeren Dolden an der Spitze eines hohen Stängels. Sie sind rosa mit grünem Grund. Mit Entwicklung der Samenkapseln richten sich die Blütenstände auf.

Familie Amaryllidaceae

Wuchshöhe
75–120 cm

Blütezeit
Frühling

Winterhärte
Zone 8

Standort
sonnig ohne Staunässe

STANDORT

Unkomplizierte Pflanze für sonnige Beete oder Kiesgärten, in denen sie die Nachbarn überragt und einen deutlichen senkrechten Akzent setzt. Die Stiele bleiben bis weit in den Sommer, bis die Kapselfrüchte ausgereift sind, stehen.

PFLANZBEDINGUNGEN

Pflanzen Sie die Zwiebeln im Herbst, am besten an vollsonnigem Standort; lichter Schatten wird vertragen, solange die Erde im Sommer nicht zu feucht wird.

TIPPS

An einem warmen, sonnigen Standort verbreitet sich die Art ausgiebig durch Selbstaussaat. Wollen Sie dies verhindern, entfernen Sie die welken Blüten vor der Samenreife.

HOHLES LAUB
Die Laubblätter haben einen dreieckigen Querschnitt und sind innen hohl. Sie riechen deutlich nach Knoblauch.

Echte Amaryllis

Amaryllis belladonna, auch Belladonnalilie

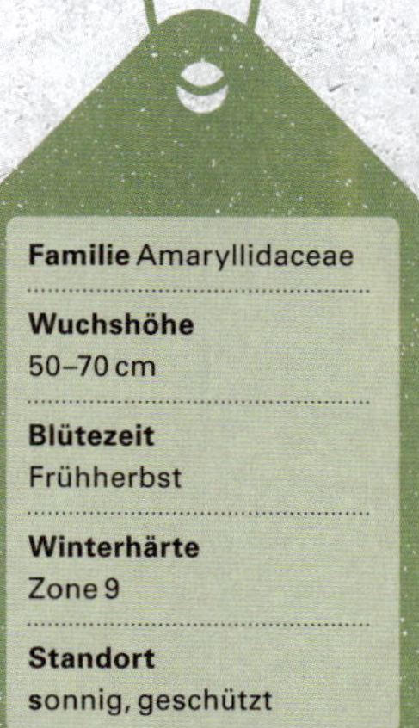

Rosafarbene Trompeten erscheinen im frühen Herbst noch vor den Blättern. Bei dieser südafrikanischen Art bilden sich, wenn sie vom Wind geschützt steht, mehrere Blüten an der Spitze eines hohen, aufrechten Stiels. Als Gruppe gepflanzt bietet sie einen beeindruckenden Anblick.

Familie Amaryllidaceae

Wuchshöhe
50–70 cm

Blütezeit
Frühherbst

Winterhärte
Zone 9

Standort
sonnig, geschützt

STANDORT

Beste Bedingungen findet die Art im Schutz einer sonnenbeschienenen Wand oder Mauer. In Regionen, in denen kein Frost zu erwarten ist, sorgt *Amaryllis* im Beetvordergrund zum Ausklang des Sommers noch einmal für einen kräftigen Farbnachschlag.

PFLANZBEDINGUNGEN

Die große Zwiebel bis zur Hälfte in die Erde setzen. Es empfiehlt sich leichte, wasserdurchlässige Erde, da die Art in der Ruhephase Trockenheit bevorzugt.

TIPPS

Für bessere Drainage die Erde unter der Zwiebel mit Kies mischen, um den Zwiebelboden im Sommer trocken zu halten.

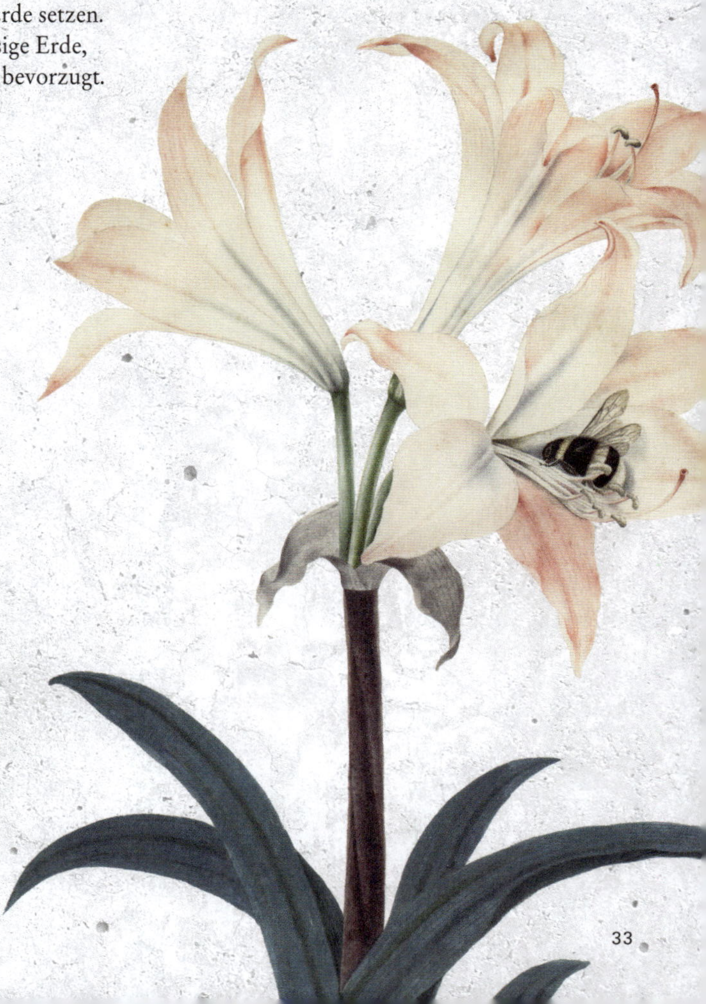

KOMBINATIONS-ZÜCHTUNG

Aus der Kreuzung der Belladonnalilie mit der Guernseylilie *Nerine* entstand die Hybride × *Amarine*. Sie ist kurzstieliger als *Amaryllis*, wartet aber mit größeren Blütentrichtern auf als *Nerine*.

Zierlauch im Staudenbeet

Haben die Frühjahrsblüher ihre Blütezeit überschritten, kündigen die Blütenköpfe des Zierlauchs mit ihrem Erscheinen den Sommer an. Zu dieser Zeit nimmt auch das Wachstum der Sommerstauden langsam Fahrt auf. Das dichter werdende Laubwerk der Stauden wird jedoch von den pomponartigen Blüten der langstieligen Lauchsorten mit Leichtigkeit überragt.

Zierlauch wird im Herbst gepflanzt. Dann gilt es, zwischen den Sommerstauden etwas Platz zu schaffen. Am wirkungsvollsten verteilt man die Zwiebeln entlang einer Linie von vorn bis hinten im Beet, das verleiht der Pflanzung Tiefe. Legen Sie die Zwiebeln zunächst auf den Boden und lassen Sie sich Zeit, bis Sie den gewünschten Effekt erreicht haben. Bedenken Sie, dass manche Sorten wie *Allium* 'Ambassador' eine Höhe von gut einem Meter erreichen können. Stimmt die Anordnung, stechen Sie für jede Zwiebel ein Loch. Große Zwiebeln benötigen entsprechend tiefe Pflanzlöcher; verwenden Sie dafür die Pflanzkelle oder einen Blumenzwiebelpflanzer. Den Pflanzer stechen Sie bis zur nötigen Tiefe in den Boden, beim Herausziehen hebt er die Erde mit aus. Legen Sie die Zwiebel ein und füllen Sie das Loch mit der im Pflanzer festgehaltenen Erde.

Zierlauch beginnt bereits im Winter zu wachsen, im Frühling strecken sich die Blätter dann in die Länge. Größere Sorten können ziemlich umfangreiche Blatthorste entwickeln.
Bereits zur Blütezeit welken die Blätter wieder. Dann sorgen die Sommerstauden jedoch bereits für frisches Grün im Beet.
Ist der Zierlauch abgeblüht, beanspruchen die Sommerstauden endgültig den Platz für sich. Ein perfekt abgestimmter Reigen.

1. Langstielige Zierlauchsorten gehen aus großen Zwiebeln hervor, die tiefe Pflanzlöcher benötigen.
2. Schaffen Sie im Herbst Platz zwischen den Sommerstauden, streuen Sie die Zwiebeln ins Beet und pflanzen Sie sie ein.
3. Verwenden Sie für das Loch eine Pflanzkelle oder einen Blumenzwiebelpflanzer. Zwiebel einsetzen und das Loch mit der ausgehobenen Erde füllen.
4. *Allium* 'Ambassador', eine der höchsten Zierlauchsorten, bietet im Frühsommer sein unvergleichliches Spektakel.
5. *Allium hollandicum* 'Purple Sensation' ist kleiner. Er verbreitet sich durch Selbstaussaat allmählich im gesamten Beet.

Windröschen

Anemone sp.

Die Gattung *Anemone* umfasst mehrere Arten. Die mediterranen Vertreter besitzen kleine, knubbelige Knollen, die wie Zwiebeln gehandhabt werden. *Anemone blanda*, das Balkan-Windröschen, bildet mit ihren gänseblümchenartigen Blüten blau-weiße Teppiche. Die Kronen-Anemone *(Anemone coronaria)* wartet mit kräftig gefärbten schalenförmigen Blüten auf.

Familie Ranunculaceae

Wuchshöhe 10–30 cm

Blütezeit Anfang bis Mitte Frühjahr

Winterhärte Zone 8

Standort teilschattig bis vollsonnig

STANDORT

Anemone blanda gedeiht sowohl in sonniger als auch halbschattiger Lage: Sie ist eine gute Wahl für einen Waldgarten (siehe Seite 50). *Anemone coronaria* bevorzugt volle Sonne auf einer Freifläche oder im Steingarten.

PFLANZBEDINGUNGEN

Pflanzen Sie die kleinen Knollen im Herbst verstreut ins Beet, sie werden sich langsam aber sicher von allein ausbreiten. *Anemone blanda* kann zur Unterpflanzung höherer frühlingsblühender Zwiebelpflanzen eingesetzt werden; eine beliebte Sorte ist 'White Splendour'.

TIPPS

Die Knollen vor dem Pflanzen mehrere Stunden in lauwarmes Wasser legen, bis sie sich vollgesogen haben. Das löst das Wachstum aus.

Anemone blanda

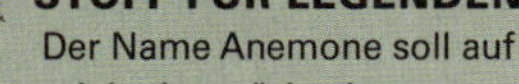

STOFF FÜR LEGENDEN

Der Name Anemone soll auf Adonis zurückgehen, aus dessen Blutstropfen laut griechischer Mythologie die blutrote *Anemone coronaria* entsprungen sein soll.

Kobralilien

Arisaema sp., auch Feuerkolben

Gespenstische, mit einer Kapuze bedeckte Blütentrichter, oft mit markanter Zeichnung, ragen auf steifen Stielen gerade in die Luft. In der Gruppe erinnern Kobralilien an Erdmännchen, die aus ihren Erdlöchern lugen.

Familie Araceae

Wuchshöhe
30–100 cm

Blütezeit
Spätfrühling bis Frühsommer

Winterhärte
Zone 8

Standort
kühl und halbschattig

STANDORT

Humoser Boden und lichter Schatten machen den bestgeeigneten Standort aus, daher unter Bäumen oder in leicht beschattete Beete pflanzen. Stellen, die im Sommer, der Hauptwachstumszeit von Kobralilien, schnell austrocknen, lieber meiden.

PFLANZBEDINGUNGEN

Die Knollen im späten Herbst einpflanzen. Vom Frühjahr, wenn die Triebe erscheinen, bis zum Spätsommer, wenn die Blätter absterben, feucht halten.

TIPPS

Kobralilien sind auch für große Töpfe geeignet. Viele schmücken sich zusätzlich mit attraktiven Blattmusterungen und bieten einen Blickfang in schattigen Gartenbereichen.

Arisaema ringens

KAPUZENZWERGE
Die eigentlichen Blüten sind klein und sitzen an einem schlanken Kolben (Spadix). Die auffällige Haube, die den Kolben umhüllt, ist ein Hochblatt.

Italienischer Aronstab

Arum italicum

Der Italienische Aronstab, besonders die Sorte 'Marmoratum', hat attraktiv marmorierte und gefleckte, pfeilförmige Blätter. Das Laub erscheint bereits im Winter, im Frühjahr folgen die großen, zartgrünen Blütenstände. Später entstehen leuchtend orange-rote giftige Beeren.

Familie Araceae

Wuchshöhe
15–30 cm

Blütezeit
Frühling

Winterhärte
Zone 7

Standort vollsonnig bis halbschattig

STANDORT

Der Aronstab gedeiht sowohl an sonnigen als auch halbschattigen Standorten, solange die Erde nicht durchgehend feucht ist. Daher eignet er sich für die verschiedensten Gartenszenarien – auch im Winter im Staudenbeet oder als Bodendecker unter Laubbäumen.

PFLANZBEDINGUNGEN

Rhizomknollen, die im Herbst gepflanzt werden, bringen im Winter attraktive Blätter hervor. Sie vermehren sich langsam über Tochterknollen. Mit kleinen Kindern im Haus sollte man von einer Pflanzung des giftigen Aronstabs absehen.

TIPPS

Der Italienische Aronstab zieht im Sommer ein. Setzen Sie die Knollen daher tief genug – etwa 15 cm. Dann können Sie an gleicher Stelle noch Sommerblumen pflanzen.

BUNTER HUND

Arum maculatum hat unzählige Trivialnamen, darunter Gefleckter Aronstab, Entenschnabel, Heckenpüppchen und Teufelshütchen.

Bellevalien

Bellevalia sp.

Ganz ähnlich den Traubenhyazinthen (*Muscari* sp.) schmücken bei dieser kleinen Zwiebelblume Trauben von kleinen Blüten den oberen Teil eines geraden Stängels. Neben vielen gelblich-weißen Arten sind die dunkelvioletten oder intensiv blauen Vertreter wie *Bellevalia pycnantha* die attraktivsten.

Familie Asparagaceae

Wuchshöhe
15–20 cm

Blütezeit
Frühling

Winterhärte
Zone 8

Standort vollsonnig bis halbschattig

STANDORT

Bellevalien fühlen sich unter laubabwerfendem Gehölz in gemischten Beeten wohl, wo sie während des Wachstums genügend Licht und Feuchtigkeit abbekommen. In Kästen gepflanzt, bietet sich die Möglichkeit, die kleinen Blüten aus nächster Nähe zu studieren.

PFLANZBEDINGUNGEN

Die Zwiebeln wachsen gut in Erde, die im Sommer leicht antrocknet. Pflanzzeit ist der Herbst. In einem sonnigen Beet oder im Topf im Winter und Frühling feucht halten.

TIPPS

Einzeln fallen diese Pflanzen wenig auf, Eindruck machen sie erst in größeren Gruppen.

NAMENSHERKUNFT

Bellevalia ist nach dem französischen Botaniker Pierre Richer de Belleval benannt, der im 16. Jahrhundert den Botanischen Garten von Montpellier gründete.

Bellevalia pycnantha

Sternblumen

Brodiaea sp., auch Frühlingssterne

Sie ist nur selten in den Gärten vertreten, aber wegen ihrer sternförmigen, violetten Blüten, die im Frühsommer erscheinen, ist sie durchaus einen Versuch wert. *Brodiaea californica* findet sich am ehesten im Handel. Sie bildet lockere Blütendolden von bis zu fünfzehn Blüten auf einem festen, aufrechten Stängel.

Familie Asparagaceae

Wuchshöhe
10–30 cm

Blütezeit
Frühsommer

Winterhärte
Zone 10

Standort vollsonnig mit gutem Wasserabfluss

STANDORT

Die Sternblume ist etwas für Steingärten oder trockene Hänge, da sie feuchte Erde im Sommer nicht verträgt. Sie braucht volle Sonne und Schutz vor Wind und Wetter, daher empfiehlt sich die Pflanzung im Kübel oder Kasten.

PFLANZBEDINGUNGEN

Die Knollen benötigen sandiges Substrat, das Wasser gut ableitet. Am richtigen Ort sind Sternblumen ein farbenfroher Gruß, nachdem die meisten Frühblüher verschwunden sind.

TIPPS

Da das Laub schon im Winter erscheint, ist es oft welk, wenn die Blüten aufgehen. Zwischen niedrigen Gewächsen wie Sonnenröschen (*Helianthemum* sp.) fällt dies nicht weiter auf.

Brodiaea coronaria

WILDER WESTEN
Die Sternblume stammt von den sommertrockenen Bergen des nordamerikanischen Westens. *Brodiaea californica* kommt wild ausschließlich in Kalifornien vor.

Mormonentulpen

Calochortus sp.

Malerische Blüten auf zarten Stielen mit eleganten schmalen Blättern machen die Mormonentulpe zu einer der attraktivsten Frühjahrszwiebelblumen. Sie ist verhältnismäßig anspruchsvoll, lohnt Mühe und Geduld aber allemal.

Familie Liliaceae

Wuchshöhe
10–30 cm

Blütezeit
Frühling

Winterhärte
Zone 10

Standort trocken, sonnig, geschützt

STANDORT

Die erlesenen Frühjahrsblüher sind auf Wärme und Sonne angewiesen. An sonniger, geschützter Stelle oder besser im Topf pflanzen, der vor Kälte und Regen geschützt werden kann.

PFLANZBEDINGUNGEN

Sandiger, gut drainierter Boden, wenig Regen und milde Temperaturen sind Grundvoraussetzungen. Am besten gelingt daher die Pflanzung im Topf oder im unbeheizten Gewächshaus.

TIPPS

Mit dem Gießen zurückhalten, bis Anfang des Jahres die ersten Triebe erscheinen. Nach dem Absterben, also den gesamten Sommer und Herbst, gar nicht mehr gießen.

Calochortus elegans

NAHRHAFT

Von der indigenen Bevölkerung in Nordamerika erfuhren die Mormonen, dass die Zwiebeln essbar sind, daher der Name Mormonentulpe.

Zwiebelblumen fürs Haus

Nicht alle Zwiebelblumen sind für den Garten geeignet. Die kälteempfindlichen unter ihnen können erst nach dem Frost im Kübel nach draußen gestellt oder ins Beet gepflanzt werden. Zu den nicht winterharten Pflanzen zählen *Watsonia* sp., *Lachenalia* sp. und *Cyclamen persicum*, das Zimmer-Alpenveilchen.

Zwiebelpflanzen, die das ganze Jahr über Wärme brauchen, sind im Handel als frostempfindlich gekennzeichnet. Durchgehende Wärme ist vor allem wichtig für Pflanzen, die ihre Hauptwachstumsphase im Winter haben. Wer auf sie nicht verzichten will, hält sie am besten als Zimmerpflanzen. Dafür braucht es nichts weiter als einen hellen Platz am Fenster, einen hübschen Blumentopf, Erde und die Zwiebeln selbst.

Rittersterne (*Hippeastrum* sp.) gehören zu den spektakulärsten und beliebtesten Zwiebelblumen dieser Art. Verkauft werden die Zwiebeln im Herbst oder Anfang Winter, wobei die großen oft schon bewurzelt sind. Nur der Zwiebelboden mit den Wurzeln wird in die Erde gesetzt (siehe Seite 20), während der obere Teil frei aus der Erde ragt. Der Topf braucht nur wenig größer zu sein als die Zwiebel selbst: 2,5 cm Platz zwischen Topf und Zwiebel reichen aus. Gießen Sie die Erde an, stellen Sie den Topf an einen warmen Ort und warten Sie ab, was passiert.

Sobald die Pflanze austreibt, kann sie an einen kühleren, hellen Ort gestellt werden, zum Beispiel ans Fenster. Drehen Sie den Topf regelmäßig, sonst neigt sich die Pflanze zum Licht. Ihre Mühe wird bald mit riesigen Trompetenblüten belohnt. Nach der Blüte schneiden Sie den Blütenstiel ab, lassen die Blätter aber weiterwachsen, damit sie Nährstoffe für die Zwiebel und die nächstjährige Blüte bilden können.

1. Die Zwiebeln des Rittersterns sind groß und beim Kauf oft bewurzelt.
2. Setzen Sie sie so in die Erde, dass Wurzeln und Zwiebelboden bedeckt sind, der Rest aber freisteht. Halten Sie die Erde feucht.
3. Sobald die Pflanze zu wachsen beginnt, rücken Sie sie ins Licht. Der Stängel neigt sich zum Licht und muss regelmäßig gedreht werden, damit er gerade wächst.
4. Schließlich entfalten sich die dicken Knospen zu riesigen trichterförmigen Blüten. Damit die schweren Blüten die Pflanze nicht aus dem Gleichgewicht kippen, empfiehlt sich eine Drahtstütze.

Prärielilien

Camassia sp.

Aus großen Zwiebeln wachsen riemenartige, grundständige Blätter und ein hoher Stiel mit zahlreichen hell- bis dunkelblauen Blüten. Sie ähneln Glockenblumen, jedoch sind die Blüten rings um den Stiel angeordnet. Prärielilien kommen am besten in Gruppen zur Geltung.

Familie Asparagaceae

Wuchshöhe
50–100 cm

Blütezeit
Später Frühling

Winterhärte
Zone 9

Standort vollsonnig bis halbschattig

STANDORT

Prärielilien benötigen viel Sonne und im Winter und Frühjahr feuchte Böden. Ideal sind Plätze zwischen Frühjahrs- und Sommerstauden im Sonnenbeet oder im Gras unter laubabwerfenden Bäumen.

PFLANZBEDINGUNGEN

Im Herbst die Zwiebeln in wasserdurchlässige Erde setzen und das ganze Jahr leicht feucht halten. Bei Pflanzung im Gras erst mähen, wenn die Blätter vollständig abgestorben sind.

TIPPS

Der natürliche Lebensraum von Prärielilien sind Feuchtgebiete. Die Zwiebeln dürfen daher, besonders in der Wachstumsperiode, nicht austrocknen.

Camassia quamash

QUAMASH
Die Zwiebeln von *Camassia quamash* sind essbar. Sie dienten den Ureinwohnern Amerikas als Nahrungsmittel.

Riesenlilie

Cardiocrinum giganteum, auch Himalaya-Riesenlilie

Der Gigant unter den Zwiebelpflanzen trägt prachtvolle weiße Trompetenblüten an einem mächtigen beblätterten Blütenstamm, der mehr als zwei Meter hoch werden kann. Auch die Zwiebeln sind groß und können Jahre brauchen, bis sie Blüten hervorbringen. Die Wartezeit lohnt sich.

Familie Liliaceae

Wuchshöhe
1–2,5 m

Blütezeit
Sommer

Winterhärte
Zone 8

Standort
kühl und schattig

STANDORT

Pflanzen von derartiger Größe brauchen reichlich Wasser. Die Riesenlilie stammt von den Hängen des Himalayas, wo es im Hochsommer ausgiebig regnet, daher im stets feuchten oder zumindest kühlen Halbschatten pflanzen.

PFLANZBEDINGUNGEN

Die Zwiebeln in nährstoffreichen, feuchten Boden ohne Staunässe setzen. In der Wachstumsphase stets feucht halten.

TIPPS

Nachdem die Pflanze ihre ganze Kraft in die Produktion der mächtigen Blütenstämme gesteckt hat, stirbt sie ab, bildet aber Tochterzwiebeln, die neu herangezogen werden können.

NUR GEDULD!
Auf riesige Blüten folgen ebenso riesige Schoten, die papierartige Samen enthalten. Bis es soweit ist, können sieben Jahre oder mehr vergehen.

Zeitlosen

Colchicum sp.

Wenn der Sommer in den Herbst übergeht, erscheinen die schalenförmigen Blüten der Zeitlosen, meist in Schattierungen von Lila, Rosa oder Pink. Erst später entwickeln sich die Blätter.

Familie Colchicaceae

Wuchshöhe
7–15 cm

Blütezeit
Herbst

Winterhärte
Zone 8

Standort vollsonnig bis halbschattig

STANDORT

Im Halbschatten, am Fuß eines Baums, im Kasten oder im Rasen. Zeitlosen sind anspruchslose Pflanzen, allerdings brauchen sie gut drainierten Boden.

PFLANZBEDINGUNGEN

Die Sprossknollen werden gegen Ende des Sommers angeboten und sollten so früh wie möglich gekauft und gepflanzt werden. Sie blühen schon nach wenigen Wochen.

TIPPS

Nachbarpflanzen mit Bedacht auswählen: Die Blätter der Zeitlosen können recht groß sein und bleiben bis zum späten Frühling an den Pflanzen. Sie könnten zarte Frühlingsblumen wie Schlüsselblumen *(Primula vulgaris)* und Busch-Windröschen *(Anemone nemorosa)* in ihrem Wachstum behindern.

BESONDERE ARTEN UND SORTEN

- *Colchicum autumnale,* die Herbst-Zeitlose, ist eine in Westeuropa weit verbreitete Wiesenblume und für den Garten gut geeignet.
- *C. speciosum* wartet mit größeren Blüten auf. Es gibt verschiedene Sorten, etwa die pinkfarbene 'Atrorubens' oder die weiße 'Album'.
- 'Rosy Dawn' bildet mauvefarbene Blüten mit weißer Mitte.
- 'Waterlily' ist eine ungewöhnliche Sorte: Mit ihren gefüllten Blüten mit schmalen Blütenblättern ist sie eher eine Liebhaberei als eine Schönheit.
- *C. agrippinum* und *C. cilicicum* gehören zu den Arten mit attraktiv gesprenkelten Blüten.
- Die meisten Zeitlosen schmücken sich mit Pinktönen, die normale Blütezeit liegt im Herbst. Es gibt jedoch auch Frühlingsblüher wie *C. luteum,* deren gelbe Blüten gleichzeitig mit den Blättern erscheinen.

Colchicum speciosum

ALTES HEILMITTEL
Aus der giftigen Herbst-Zeitlose wird der Wirkstoff Colchicin gewonnen. Erste Aufzeichnungen über die Behandlung von Gicht mit dieser Heilpflanze stammen aus dem 1. Jahrhundert nach Christus.

Maiglöckchen

Convallaria majalis, auch Maiblume

Convallaria punktet mit anmutigen weißen Glöckchen, die an einem sanft gebogenen Stängel mit lanzettförmigen Blättern stehen. Das Maiglöckchen wächst ohne viel Zutun und ist nicht zuletzt wegen seines zarten Dufts der unbestrittene Liebling unter den Frühlingsblumen.

Familie Convallariaceae

Wuchshöhe
10–15 cm

Blütezeit
Später Frühling

Winterhärte
Zone 6

Standort
sonnig bis halbschattig

STANDORT

Maiglöckchen sind Tradition im Bauerngarten und passen sich vielen Bedingungen an, solange sie weder extrem trocken, noch feucht stehen. Im Halbschatten und unter winterkahlen Gehölzen finden sie ideale Verhältnisse.

PFLANZBEDINGUNGEN

Maiglöckchen werden im Frühling als Topfware angeboten, wenn die Blätter aus den dünnen Rhizomen ausgetrieben sind: genau der richtige Zeitpunkt für das Pflanzen.

TIPPS

Die Pflanzen breiten sich allmählich zu dichten Teppichen aus. Bleiben die Blüten aus, stehen sie zu eng. Dann sollten Sie einzelne Rhizome im späten Frühjahr ausgraben und die Pflanzen breiter verteilen.

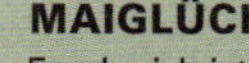

MAIGLÜCK

In Frankreich ist der Erste Mai nicht nur der Tag der Arbeit, sondern auch der Tag der Maiglöckchen. Überall in den Straßen werden sie als Glücksbringer zum Kauf angeboten.

Gefingerter Lerchensporn

Corydalis solida, auch Vollwurz-Lerchensporn oder Fester Lerchensporn

Im Frühling schieben sich zarte, gelappte, blau-grüne Blättchen aus kleinen, kugeligen, festen Wurzelknollen. Die blasslila bis roten Blüten bilden kurze traubige Blütenstände.

Familie Papaveraceae

Wuchshöhe
5–10 cm

Blütezeit
Frühling

Winterhärte
Zone 8

Standort
Halbschatten

STANDORT

Der Lerchensporn benötigt im Frühling viel Licht, im Sommer verträgt er zu viel Wärme schlecht. Ein Platz unter sommergrünen Bäumen ist daher ideal; alternativ im halbschattigen Kasten oder Steingarten.

PFLANZBEDINGUNGEN

Die Knollen im Herbst in feuchter, aber gut durchlässiger Erde unter Bäumen und Sträuchern verstreut anpflanzen. Über die Zeit schließen sich die Lücken durch Selbstaussaat.

TIPPS

Schöne Begleitpflanzen für den Lerchensporn sind andere niedrige Frühlingsblumen wie Windröschen (*Anemone* sp.) und Blausterne (*Scilla* sp.).

BLAUE BLÜTEN

Die Gattung *Corydalis* umfasst mehr als 400 Arten auf der Nordhalbkugel, die meisten sind in China beheimatet, dazu zählt auch die faszinierend blaue *Corydalis flexuosa*.

Teppich aus Windröschen

Wer im Frühling im Wald schon einmal auf eine Stelle gestoßen ist, die über und über mit kleinen Blümchen bedeckt ist, weiß, welch verzaubernder Anblick das ist. Mit *Anemone blanda,* dem Balkan-Windröschen, können Sie ein solches Szenario nachbilden – auch ganz ohne Wald. Die Blümchen werden nur wenige Zentimeter hoch und sind daher für einen zauberhaften Blütenteppich ideal.

Windröschen bilden kleine schwarze oder dunkelbraune knubbelige Knollen, die zur selben Zeit wie die frühjahrsblühenden Zwiebeln angeboten werden. Legen Sie die harten, trockenen Knollen vor dem Pflanzen ein paar Stunden in lauwarmes Wasser, bis sie sich mit Feuchtigkeit vollgesogen haben. Als Standort wählen Sie einen Platz unter laubabwerfenden Gehölzen oder in einem Beet mit Sommerblumen. Räumen Sie die Erde 5 cm tief von der ausgesuchten Stelle ab und legen Sie die Knollen auf dem Boden aus. Dann decken Sie Erde darüber und drücken sie locker fest. Nach dem Angießen können Sie es dem Regen überlassen, für die richtige Feuchtigkeit zu sorgen. Die Knollen beginnen während des Winters zu treiben und erfreuen im frühen Frühjahr mit Blüten in Blau, Violett und Weiß, die aussehen wie große Gänseblümchen. Eine beliebte Sorte ist *Anemone blanda* 'White Splendour'.

Auch wenn Sie nur mit einem kleinen Tuff unter einem Busch oder am Beetrand beginnen, langsam aber sicher breitet sich das Windröschen von allein zu dem erträumten Blütenteppich aus.

1. Die trockenen Wurzelknollen des Balkan-Windröschens sind hart und knubbelig. Legen Sie sie vor dem Pflanzen mehrere Stunden ins Wasser.
2. Tragen Sie von einer vom Rasen befreiten Stelle etwa 5 cm tief die Erde ab.
3. Verteilen Sie die Knollen gleichmäßig.
4. Schieben Sie die Erde wieder darüber, klopfen Sie sie leicht fest und wässern Sie die Stelle.
5. Das Balkan-Windröschen blüht im Frühling und breitet sich mit der Zeit teppichartig aus.

Hakenlilie

Crinum × powellii, auch Gartenamaryllis

Riemenförmige Blätter umgeben lilienförmige Trichterblüten von exotischer Schönheit, die wie geschaffen sind für subtropische Gartenarrangements. Die rosa oder weißen Blüten erscheinen an einem dicken, nackten Blütenstiel, der sich im Spätsommer aus der großen Zwiebel schiebt.

Familie Amaryllidaceae

Wuchshöhe
50–150 cm

Blütezeit
Spätsommer

Winterhärte
Zone 9

Standort
sonnig, geschützt

STANDORT

Sie braucht nährstoffreiche Erde und einen hellen, geschützten Platz, etwa vor einer sonnenbeschienenen Mauer. In nicht frostfreien Regionen gedeiht sie besser im Gewächshaus oder Wintergarten.

PFLANZBEDINGUNGEN

Die Zwiebel nur halb mit Erde bedecken, die Spitze ragt aus der Erde. In milden Lagen sind die Blätter winterfest und immergrün. Im Sommer, der Hauptwachstumszeit, benötigt die Hakenlilie reichlich Wasser.

TIPPS

In nicht frostfreien Gegenden die Hakenlilie im Kübel halten und im Winter nach drinnen holen. Im Frühjahr die nährstoffhungrige Pflanze stets mit frischer Erde versorgen.

HYBRID-POWER
Die meisten der mehr als 100 Sorten von *Crinum* sind frostempfindlich. *Crinum × powellii* allerdings ist eine widerstandsfähige und relativ winterfeste Gartenhybride.

Montbretien

Crocosmia sp.

Vor dem Hintergrund ihres frisch grünem, schwertförmigem Laubs leuchten die Blütenähren der Montbretien weithin in Rot, Orange und Gelb. Einige Varianten blühen zum Sommerbeginn, andere später.

Familie Iridaceae

Wuchshöhe
30–100 cm

Blütezeit
Sommer

Winterhärte
Zone 9

Standort
vollsonnig

STANDORT

Grundbedingung ist ein sonniges Beet, denn die afrikanische Schönheit ist lichthungrig. Kombinieren Sie Montbretien mit Sommerstauden oder setzen Sie sie zwischen Ziergräser wie Schmielen *(Deschampsia)* oder Pfeifengras *(Molinia)*.

PFLANZBEDINGUNGEN

Setzen Sie die Knollen im Herbst an eine im Winter nicht zu feuchte Stelle. Die Blätter erscheinen im Frühjahr. Im frühen Sommer sind Pflanzen im Topf erhältlich, die unmittelbar in den Garten umziehen können.

TIPPS

Besonders bei kalter, feuchter Erde gehen Montbretien häufig ein. Kaufen Sie die Knollen daher gleich in größerer Stückzahl, sie sind verhältnismäßig günstig. Manchmal lassen sich mit Topfpflanzen bessere Erfolge erzielen.

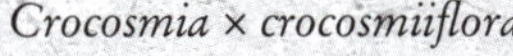

Crocosmia × crocosmiiflora

INVASIV
Die gewöhnliche Garten-Montbretie (*Crocosmia × crocosmiiflora*) ist ein Neophyt und kann, besonders in Regionen mit mildem Klima, heimische Pflanzen verdrängen.

Krokusse

Crocus sp.

Krokusse sind wohlvertraute Frühlingsboten in vielen Gärten und Anlagen. Die kleinen Pflanzen mit ihren becherförmigen Blüten in vielen Farben kündigen uns das Ende des Winters an. Weniger bekannt ist, dass es genauso hübsche herbstblühende Sorten gibt.

Familie Iridaceae

Wuchshöhe
8–12 cm

Blütezeit
Frühjahr bzw. Herbst

Winterhärte
Zone 7

Standort
sonnig, freistehend

STANDORT

Jeder Platz an der Sonne ist Krokussen recht, besonders gut wirken sie verstreut im Rasen oder in Beeten, am Fuß einer Mauer oder in Schalen neben anderen Frühlingsblumen (siehe Seite 58).

PFLANZBEDINGUNGEN

Jede ausreichend durchlässige Erde ist geeignet. Die Knollen herbstblühender Arten werden im Spätsommer gepflanzt und blühen kurze Zeit später, noch bevor die Blätter erscheinen. Frühlingsblühende Sorten können während des gesamten Herbstes gesetzt werden.

TIPPS

Im Rasen die Rasendecke anheben, die Knollen einlegen und die Decke wieder schließen: Die Krokusse schieben sich ohne Mühe durch das Gras.

KORREKTUR

Krokusse stehen gern tiefer in der Erde als die übliche dreimalige Knollenhöhe. Bei zu flacher Pflanzung korrigieren sie ihre Position eigenständig mithilfe von Zugwurzeln.

Crocus speciosus

Crocus chrysanthus

BESONDERE ARTEN UND SORTEN

- *Crocus tommasinianus,* der Elfen-Krokus, ist im Frühjahr der erste Krokus, der sich zeigt. Einmal etabliert, überzieht er ein Beet mit lila Blüten, die sich zur Sonne hin öffnen.
- Dicht darauf folgen *Crocus chrysanthus* und *Crocus biflorus,* beispielsweise in den Sorten 'Blue Pearl' und 'Cream Beauty'. Später im Frühjahr erscheinen die bunten, großblütigen holländischen Hybriden, sie sind die größten und widerstandsfähigsten Krokusse.
- *Crocus speciosus,* der Pracht-Herbst-Krokus, ist der häufigste Herbst-Krokus. Seine Blüten sind entweder zartlila mit feiner Äderung oder weiß in der Sorte 'Albus'.
- *Crocus nudiflorus* und *Crocus goulimyi* sind attraktive, bei uns weniger bekannte Herbstarten.
- *Crocus sativus* trägt tiefrote Stempelfäden im Zentrum einer fliederfarbenen Blüte. Die Fäden ergeben das teuerste Gewürz der Welt, den Safran. Außer in Zentralasien wurde Safran einst auch in Europa kultiviert.

Alpenveilchen

Cyclamen sp.

Schon die bodenbedeckenden gefleckten Blätter sind Grund genug, Alpenveilchen in den Garten zu holen. Die Blüten ragen auf kurzen, zur Erde geneigten Stielen über dem Blattwerk empor. Die Kronblätter in Weiß oder Rosa bis Purpurrot weisen steil nach oben.

Familie Primulaceae

Wuchshöhe
5–20 cm

Blütezeit
Ganzjährig, je nach Art

Winterhärte
Zonen 8–10

Standort
sonnig bis halbschattig

STANDORT

Alpenveilchen eignen sich für viele Standorte, sei es im Beetvordergrund, im Rasen oder in Kästen. Auch zur Unterpflanzung von Gehölzen kommen sie in Betracht, sie benötigen lediglich gut durchlässigen Untergrund.

PFLANZBEDINGUNGEN

Die scheibenförmigen Knollen nur flach eingraben. In der Ruhezeit dürfen sie nicht komplett austrocknen – oft ist es einfacher, bereits blühende Alpenveilchen im Topf zu kaufen.

TIPPS

Die Samen sind ein Leckerbissen für Ameisen. Bleiben die Kapseln stehen, werden die Ameisen die Samen überall in den Garten tragen. Dann ist es gut möglich, dass Sie in einigen Jahren auf hunderte Alpenveilchen schauen.

Cyclamen hederifolium

FAMILIEN-ÄHNLICHKEIT

Alpenveilchen gehören zur gleichen Pflanzenfamilie wie Primeln: Drückt man die Blütenblätter nach unten, erkennt man die Verwandtschaft.

Cyclamen coum

BESONDERE ARTEN

- *Cyclamen hederifolium,* das Herbst-Alpenveilchen, steht auf der Beliebtheitsskala an oberster Stelle. Seine Blütezeit beginnt im Spätsommer. Die dekorativen Blätter überdauern den Winter.
- *Cyclamen coum,* das Vorfrühlings-Alpenveilchen, ist die beste Sorte für den Winter. Die Blüten dieser kleinen Art sind ein guter Wegbegleiter für Schneeglöckchen (*Galanthus* sp.).
- *Cyclamen repandum,* eine Waldpflanze, und das zarte *Cyclamen persicum,* aus dem die vielen Sorten des Zimmer-Alpenveilchens entstanden sind, blühen im Frühling.
- *Cyclamen purpurascens,* das Sommer-Alpenveilchen, manchmal unter dem Namen *Cyclamen europaeum* im Handel, ist eher etwas für Liebhaber und Sammler. Neben all den anderen Sommerblumen hat es kaum die Chance, einen Eindruck im Garten zu hinterlassen.

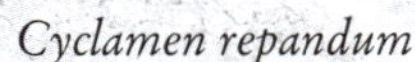

Cyclamen repandum

Frühlingsfeuerwerk

Bei diesem Projekt gehen Sie ähnlich vor wie bei einer italienischen Lasagne: Die Zwiebeln verschiedener Arten werden in Lagen übereinandergeschichtet, allerdings nicht in einer Auflaufform, sondern im Blumentopf. Der Sinn dahinter ist, dass die verschiedenen Arten in Folge blühen – eine Art geht auf, während die andere gerade verblüht.

Sie brauchen dafür einen großen Blumentopf, gute Erde (siehe Seite 20) und eine Auswahl an Blumenzwiebeln. Gut geeignet für den Auftakt sind Krokusse, gefolgt von kleineren Narzissenarten wie *Narcissus bulbocodium* und Tulpen.

Füllen Sie Ihr Pflanzgefäß zu zwei Dritteln mit gut durchlässiger, lehmiger Erde. Große Zwiebeln werden tief gesetzt, sie kommen daher als erste in den Topf. Legen Sie eine erste Schicht mit Tulpenzwiebeln etwa in die Mitte des Topfes. Bedecken Sie diese mit einer Schicht Erde und legen Sie als nächste Lage die Narzissen aus. Vermeiden Sie dabei, dass die Zwiebeln genau über den darunter liegenden Tulpen liegen. Die letzte, oberste Lage bilden die Krokusse. Legen Sie diese an den Rand, so verhindern Sie, dass ihre Blüten von den Blättern der anderen Pflanzen verdeckt werden.

Füllen Sie den Topf bis kurz unter den Rand mit Erde auf und gießen Sie gut an. Vor dem nächsten Gießen lassen Sie die Erde etwas abtrocknen. Sobald sich die Blätter zeigen, können Sie häufiger gießen. Im Frühling sollte der Topf mit einem Blütenreigen erfreuen, der mehrere Wochen andauern kann.

Andere für diese Form der Pflanzung geeignete Arten sind Traubenhyazinthe (*Muscari* sp.), die kleineren Fritillarien, Blaustern wie *Scilla siberica,* Hyazinthe, Frühlingsstern (*Ipheion uniflorum*) oder Netzblatt-Iris (*Iris reticulata*).

1. Wählen Sie Zwiebelblumen aus, deren Zusammenspiel Ihnen gefällt und die vielleicht zu leicht versetzten Zeiten blühen: hier Tulpen (oben), Krokus (rechts), Narzissen (links).
2. Setzen Sie zuerst die Tulpen im untersten Drittel des Topfes ein.
3. Der Blick in den Topf zeigt die drei Schichten: unten Tulpen, darüber Narzissen, oben Krokusse. Beachten Sie, dass keine Zwiebel direkt über einer anderen liegt.
4. Nach dem Setzen die Zwiebeln bis knapp unter den Topfrand mit Erde bedecken und gut wässern.
5. Im Frühjahr prangt der Topf mit nacheinander aufgehenden Blüten. Auf unserem Bild sind die Krokusse bereits abgeblüht, aber Narzissen und Tulpen stehen noch in voller Pracht.

Feuerwerksblume

Dichelostemma ida-maia

Die exotische Knollenpflanze präsentiert leuchtend rote, überhängende Glockenblüten mit gelben Rändern und zartgrünen Spitzen. Sie stehen in Dolden an hohen Stängeln. In ihrer Heimat Kalifornien und Oregon fällt es den Kolibris zu, die Blüten zu bestäuben.

Familie Asparagaceae

Wuchshöhe
50–100 cm

Blütezeit
Frühling

Winterhärte
Zone 9

Standort
sonnig und geschützt

STANDORT

Die Pflanze braucht einen warmen, geschützten Platz. In frostfreien Regionen kommt ein Versuch im Kies- oder Steingarten in Betracht, ansonsten im Kübel.

PFLANZBEDINGUNGEN

Setzen Sie die kleinen Knollen im Herbst in durchlässigen Untergrund. Der Blütenstängel schiebt sich durch wachsende Sommerstauden, Ziergräser oder niedrige Polsterstauden wie Sonnenröschen (*Helianthemum* sp.).

TIPPS

Die hohen Stängel sind im Wind bruchgefährdet, daher zwischen Pflanzen platzieren, die im Frühling als Stütze dienen können.

ANDENKEN

Die prächtige Prärieblume wurde vermutlich nach Ida-May, der Tochter eines Postkutschers, benannt. Der Fahrer hatte einen Pflanzenforscher, der gerade Kalifornien bereiste, auf die Pflanze hingewiesen.

Trichterschwertel

Dierama sp.

Zarte Glockenblüten in Schattierungen von Lila über Pink bis Rot hängen wie aufgereiht an bogigen, drahtigen Stängeln. Die Blätter sind, wie für Schwertliliengewächse typisch, schmal und lang und bilden mit der Zeit dichte Horste.

Familie Iridaceae

Wuchshöhe
60–150 cm

Blütezeit
Sommer

Winterhärte
Zone 9

Standort
sonnig und geschützt

STANDORT

Im Sommer warm und feucht, jedoch keine Winternässe. Sonnige Plätze im Kiesgarten oder Beet.

PFLANZBEDINGUNGEN

Die Knollen werden im Frühling gesetzt; da die meisten aber halbimmergrün sind, kauft man sie besser im Topf. Die Pflanzen nehmen Standortwechsel übel und können mit einem mehrjährigen Ausbleiben der Blüte reagieren.

TIPPS

Trichterschwertel kann dichte Horste bilden und teilt ungern den Raum mit anderen Pflanzen. Daher für ausreichend Platz und freien Stand im Sonnenlicht sorgen.

Dierama pulcherrimum

AFRIKANISCHE HERKUNFT

Der Trichterschwertel kommt, wie viele unserer sommerblühenden Zwiebelblumen, aus den Sommerregengebieten Südafrikas.

Gemeine Drachenwurz

Dracunculus vulgaris, auch Schlangenwurz

Die Gemeine Drachenwurz ist eine hochwachsende Pflanze mit geflecktem Stamm und breiten Blättern. Ein markantes purpurfarbenes Hochblatt (Spatha) umhüllt die Basis des schwarz-violetten Blütenkolbens (Spadix). Die Pflanze ist von bizarrer Schönheit und sorgt mit Sicherheit für Gesprächsstoff im Garten.

Familie Araceae

Wuchshöhe
100–150 cm

Blütezeit
Später Frühling

Winterhärte
Zone 9

Standort sonnig bis halbschattig

STANDORT

Die Drachenwurz fühlt sich unter Laubbäumen in Regionen wohl, in denen die Temperaturen selten unter –5 °C sinken. Pflanzen Sie die Knollen ins Beet oder an eine lichte Stelle unter Bäumen in humusreiche Erde ohne Staunässe.

PFLANZBEDINGUNGEN

Die großen Knollen werden im Herbst oder frühen Frühjahr etwa 15 cm tief eingepflanzt. An richtiger Stelle brauchen sie wenig Pflege. Wegen des unangenehmen Geruchs besser nicht unter ein Fenster pflanzen.

TIPPS

Den Stängel, der den schweren Blütenstand nur schwer tragen kann, mit einem kräftigen Ast oder Bambusstab stützen.

STINKER

Die Blüten der Gemeinen Drachenwurz werden von Fliegen bestäubt. Um sie anzulocken, verströmt der Blütenstand einen intensiven Aasgeruch.

Kleiner Winterling

Eranthis hyemalis, auch Ackerwurz

Famillie	Ranunculaceae
Wuchshöhe	5–10 cm
Blütezeit	Winter
Winterhärte	Zone 7
Standort	sonnig bis halbschattig

Der Winterling erfüllt im winterlichen Garten eine wichtige Mission. Seine winzigen, rundlichen Blütenkelche halten sich knapp über der Erde auf einer Halskrause aus fingerigen, sattgrünen Blättern. Mit der leuchtend gelben Farbe seiner Blütchen erwacht an den kalten grauen Tagen des Winters eine erste Vorahnung von Frühling.

STANDORT

Die überdauernde Knollenpflanze muss an den kürzesten Tagen des Jahres das Tageslicht nutzen, so gut es geht. Pflanzen Sie Winterlinge daher in ein offenes Beet oder unter winterkahle Bäume und Sträucher. Am besten gedeihen sie in basischer Erde, sie passen sich aber den meisten Bedingungen an.

PFLANZBEDINGUNGEN

Pflanzen Sie die kleinen kugeligen Knollen im Herbst in humose, gut drainierte Erde, die im Sommer nicht vollständig abtrocknet. Aus losen Verbänden formieren sich durch Selbstaussaat allmählich kleine Kolonien.

TIPPS

Winterlinge sind ideale Begleiter für Schneeglöckchen (*Galanthus* sp.), *Iris reticulata,* frühe Krokusse und *Cyclamen coum,* die alle ähnliche Bedingungen bevorzugen und zusammen einen Teppich von Winterblühern bilden.

KINDERSPIEL

Zur Gattung *Eranthis* zählen neun Arten, von denen *Eranthis hyemalis* am unkompliziertesten ist. Man findet ihn wild oder verwildert in vielen Teilen Europas.

Steppenkerzen

Eremurus sp., auch Wüstenschweif, Kleopatranadel

Die im Wind schwankenden prächtigen Blütenstände der Steppenkerzen sind von unwiderstehlicher Schönheit. Die Freude ist jedoch von kurzer Dauer, wenn die Standortbedingungen nicht stimmen.

Familie Xanthorrhoeaceae

Wuchshöhe
100–250 cm

Blütezeit
Frühsommer

Winterhärte
Zone 7

Standort
sonnig, gut drainiert

STANDORT

Zu den lebenswichtigen Bedingungen gehören ausreichend Sonne und ein gut drainierter Boden. Im Trocken- oder Kiesbeet wollen sie nicht zu dicht bei Nachbarpflanzen stehen, denn die bodenständigen, lanzettförmigen Blätter mögen keine Beschattung.

PFLANZBEDINGUNGEN

Aus der Knolle sprießen fleischige Wurzeln, sodass sie wie ein kleiner Krake aussehen. Da sie recht brüchig sind, sollten Sie beim Pflanzen im Vorfrühling vorsichtig mit ihnen umgehen. Die Knollenspitze nur wenig mit Erde bedecken.

TIPPS

Zur Verbesserung der Drainage die Knolle auf eine Schicht aus Kies und sandiger Erde betten. Kennzeichnen Sie die Stelle mit einem Stock, um die Wurzeln vor Beschädigungen zu schützen, wenn Sie in der Nähe noch mehr pflanzen.

WÜSTENTÖCHTER
Steppenkerzen stammen von den Hochebenen West- und Zentralasiens, wo die Winter sehr kalt und die Sommer lang und trocken sind.

Eremurus spectabilis

Zahnlilien

Erythronium sp.

Zu den elegantesten und anmutigsten frühblühenden Zwiebelblumen gehört die Pflanzengattung *Erythronium*. Die nickenden Blumen haben sanft gebogene Blütenblätter, die sich beim Aufblühen in die Höhe falten. Die Blätter sind rein grün bis gesprenkelt oder marmoriert.

Familie Liliaceae

Wuchshöhe
10–30 cm

Blütezeit
Frühling

Winterhärte
Zone 8

Standort
kühl und halbschattig

STANDORT

Zahnlilien blühen im lichten Wald, noch bevor die Blätter die Sonne wieder abschirmen. Im Garten daher ins kühle, halbschattige Beet oder unter laubabwerfenden Bäumen in humusreichen, gut durchlässigen Boden pflanzen (siehe Seite 78).

PFLANZBEDINGUNGEN

Die Zwiebeln im Herbst direkt nach dem Kauf pflanzen. Sie sollten nicht austrocknen und brauchen Zeit, um sich zu etablieren, bilden dann aber dichte Polster, die durch Teilung vermehrt werden können.

TIPPS

Die langen, schmalen Zwiebeln werden am besten senkrecht, mit den spitzen Enden nach oben, gesetzt. Das Pflanzloch so tief graben, dass die Zwiebel mindestens 10 cm mit Erde bedeckt ist.

HUNDSZAHN

Erythronium dens-canis, die Hunds-Zahnlilie, ist die einzige europäische Art. Ihr Name leitet sich von der zahnartigen Zwiebelform ab.

Erythronium dens-canis

BESONDERE ARTEN UND SORTEN

- *Erythronium dens-canis,* die in Europa vorkommende Hunds-Zahnlilie, gehört mit nur 10 cm Wuchshöhe zu den kleinsten Arten, bildet aber hübsche rosafarbene bis violette Blüten und attraktiv gefleckte Blätter. Sie kann im Gras unter Bäumen angesiedelt werden.
- Die meisten Arten stammen aus Nordamerika, etwa die cremeweiße *Erythronium californicum* und deren besonders wüchsige Sorte 'White Beauty'.
- *Erythronium tuolumnense* stammt aus Kalifornien und hat goldgelbe Blüten über glattgrünem Laub. Aus ihr und *Erythronium californicum* entstand die noch attraktivere Hybride *Erythronium* 'Pagoda' (Forellenlilie). Sie bringt an jedem Stiel vier oder mehr schwefelgelbe Blüten hervor und ist pflegeleicht. Sie kann bis zu 30 cm groß werden.
- *Erythronium hendersonii* mit rosa-violetten Blüten und *Erythronium revolutum* mit rosa-pinkfarbenen säen sich durch Samen selbst aus.

Erythronium hendersonii

Schopflilien

Eucomis sp., auch Ananaslilien

Von den exotischen Schopflilien gibt es kleine, aber auch sehr große Arten. Alle prunken mit langen Blütentrauben, die dicht mit kleinen hübschen Blüten besetzt und von einem Blattschopf gekrönt sind. Einige Sorten wie *Eucomis comosa* 'Sparkling Burgundy' punkten mit purpurfarbenem Laub.

Familie Asparagaceae

Wuchshöhe
30–150 cm

Blütezeit
Sommer

Winterhärte
Zone 9

Standort
sonnig und geschützt

STANDORT

Sonnige Beete mit nährstoffreicher, gut durchlässiger Erde. Sie tolerieren seltene Fröste unter –5 °C, ansonsten eignen sich Schopflilien, besonders die kleineren Formen, besser als Kübelpflanzen, die im Sommer ins Freie dürfen, den Winter aber frostfrei verbringen sollten.

PFLANZBEDINGUNGEN

Die Zwiebeln im Vorfrühling setzen und nach dem Austrieb nicht austrocknen lassen. Zu viel Winternässe schadet der Pflanze mehr als Frost. Bei Frösten unter –10 °C braucht sie jedoch unbedingt einen Winterschutz.

TIPPS

Beim Pflanzen die Ausbreitung der Blätter berücksichtigen. Die größten Sorten benötigen mindestens 30 cm Pflanzabstand und eignen sich daher am besten für eine Hintergrundbepflanzung.

Eucomis bicolor

NICHTS FÜR FEINE NASEN

Der Geruch der Blüten ist eine Verlockung für Fliegen, die die Blüten bestäuben. Für den Menschen ist er eher unangenehm.

Fritillarien

Fritillaria sp.

Diese Gattung umfasst eine große Bandbreite hübscher Frühjahrsblumen, von der anmutigen Schachblume *(Fritillaria meleagris)* bis zur stattlichen Kaiserkrone *(Fritillaria imperialis)*. Die glockigen, hängenden Blüten sind teils malerisch gemustert. Es gibt mehrere pflegeleichte Arten.

Familie Liliaceae

Wuchshöhe 10–150 cm

Blütezeit Frühling

Winterhärte Zone 8

Standort sonnig oder lichter Schatten

STANDORT

Die meisten Garten-Fritillarien fühlen sich in halbschattigen bis sonnigen Beeten oder unter laubabwerfenden Bäumen am wohlsten. Die Schachblume eignet sich dann zur Anpflanzung im Rasen, wenn die Erde niemals vollständig abtrocknet (siehe Seite 70).

PFLANZBEDINGUNGEN

Setzen Sie die Zwiebeln in feuchtigkeitsspeichernde, aber durchlässige Erde. Während die niedrigen Fritillarien Gefahr laufen, von Nachbarpflanzen überwuchert zu werden, wachsen die größeren, vor allem die Kaiserkrone, leicht über alle anderen hinaus.

TIPPS

Die kleineren Arten, mit Ausnahme von *Fritillaria meleagris*, gedeihen gut in Töpfen, wo sich die zarten Zeichnungen in ihrem Blüteninneren aus nächster Nähe betrachten lassen.

SÜSSER NEKTAR
Im Inneren der Blüten erkennt man bei genauem Hinsehen die Nektardrüsen am Grund der Blütenblätter – manchmal mit dickem Tropfen der süßen Flüssigkeit.

Fritillaria meleagris

Fritillaria graeca

BESONDERE ARTEN UND SORTEN

Mit mehr als 100 Arten hat man bei Fritillarien die große Auswahl, jedoch überleben nicht alle ohne Regenschutz. Einen Versuch lohnen:

- *Fritillaria graeca* mit weinrot und grün gerippten Blüten gehört zu den kleineren Arten, wie auch *Fritillaria michailovskyi* mit gelb geränderten, rotbraunen Blüten. Beide eignen sich gut für die Topfkultur. Im Sommer trocken halten.
- *Fritillaria imperialis* (Kaiserkrone) ist mit über 1 m Wuchshöhe die größte und robusteste Art. Ihre großen Zwiebeln verströmen einen Fuchsgeruch. An der Stängelspitze steht ein Blütenquirl in Gelb- oder Orangetönen.
- *Fritillaria meleagris,* die Schachblume, eignet sich besonders zum Verwildern. Ihre Blütenköpfe tragen das namengebende Schachbrettmuster in Weiß und Purpur.
- *Fritillaria pallidiflora* wird etwa 40 cm hoch. Sie liebt frische, schattige Standorte und bildet große, blassgrüne Blütenkelche.
- *Fritillaria persica,* eine weitere hohe Art, bildet einen traubigen Blütenstand mit hängenden glockigen Blüten. Die Sorte 'Adiyaman' blüht tief dunkelrot, 'Ivory Bells' grünlich bis cremefarben.

Blütenwiese mit Schachblumen

Die Schachblume *(Fritillaria meleagris)* ist eine Frühlingsblume mit eleganten, nickenden Glockenblüten an dünnen Stielen. Sie hat mit 20–30 cm Idealhöhe für eine Wiese, in der ein größerer Flecken der grazilen Blumen einen zarten Zauber verbreitet. Die Blüten zeigen das bezeichnende Schachbrettmuster mit Weiß oder Purpur als Grundfarbe.

Diese Zwiebelpflanze liebt ganzjährig feuchten Boden und benötigt daher einen feuchten Gartenbereich, allerdings ohne Staunässe. Dies könnte ein halbschattiger Bereich unter Bäumen oder eine flache Senke sein, die niemals vollständig austrocknet. Pflanzt man die Schachblume im Rasen, darf das Gras nicht gemäht werden, bis sie im Sommer abgestorben ist.

Findet sich ein geeigneter Standort, an dem das Gras auch mal länger werden darf, lässt sich leicht eine ganze Kolonie dieser Blumen ansiedeln.

Im Rasen pflanzt man *Fritillaria*-Arten am einfachsten, indem man eine Grasnarbe aussticht, die Zwiebeln auf die nackte Erde legt und die Grasnarbe wieder zurücklegt. Sofern vorhanden, empfiehlt sich ein halbmondförmiger Rasenkantenstecher, ansonsten tut es auch ein Spaten, mit dem Sie drei Seiten eines Vierecks in den Rasen stechen. Klappen Sie die Grasnarbe zur Seite, lockern Sie die Erde mit der Harke und legen Sie die Zwiebeln aus. Dann decken Sie die Grasnarbe über die Zwiebeln zurück. Für ein größeres Feld mit vielen Zwiebeln heben Sie in unmittelbarer Nähe mehrere Grasstücke aus. Die kleinen Blumen schieben sich ohne Schwierigkeiten durch den Rasenfilz und werden Mitte des Frühlings blühen.

1

2

1. Behandeln Sie die kleinen Zwiebeln mit Vorsicht, ihre Schuppen brechen leicht ab.
2. Stechen Sie ein Rasenquadrat an drei Seiten mit dem Spaten oder einem Rasenkantenstecher ab und klappen Sie es zur Seite.
3. Verteilen Sie die Zwiebeln auf dem Erdboden.
4. Klappen Sie die Grasnarbe vorsichtig zurück und klopfen Sie sie fest. Heben Sie für ein größeres Blütenfeld mehrere Grasstücke eng beieinander aus.
5. Die Blüten erscheinen im Frühjahr. Eine Mischung aus purpur- und weißköpfigen Sorten verfehlt niemals seine Wirkung.

3

4

5

Schneeglöckchen

Galanthus sp.

Mehr als jede andere Zierpflanze ist das Schneeglöckchen Symbol für den Frühlingsanfang. Mit den weißen, tropfenförmigen Blütchen wirkt es zerbrechlich, dabei ist es eine robuste Pflanze, die es schafft, dem Winter zu trotzen.

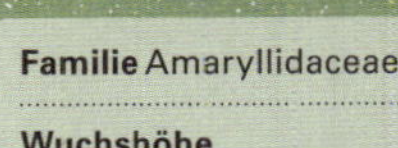

Familie Amaryllidaceae

Wuchshöhe
10–20 cm

Blütezeit
Winter

Winterhärte
Zone 7

Standort
kühl und halbschattig

STANDORT

Schneeglöckchen gedeihen an fast allen Standorten, die im Sommer nicht zu heiß und trocken werden. Am wohlsten fühlen sie sich in ganzjährig mäßig feuchter Erde im kühlen Schatten im Sommer. Schneeglöckchen sind ideal als Unterpflanzung laubabwerfender Bäume, ebenso zur Verwilderung im Rasen.

PFLANZBEDINGUNGEN

Die Zwiebeln werden im Herbst angeboten und am besten gleich nach dem Kauf gesetzt, damit sie nicht austrocknen. Legen Sie einen oder mehrere Tuffs an, die sich mit der Zeit von selbst vergrößern werden. Blühen die Pflanzen nicht mehr regelmäßig, ist das ein Zeichen, dass die Zwiebeln vereinzelt werden sollten.

TIPPS

Ein Austrocknen während der Ruhezeit kann für die Zwiebel das Aus bedeuten. Sehr früh im Jahr werden im Handel bereits grün belaubte, aber noch nicht blühende Exemplare angeboten. Sie sollten unmittelbar nach dem Kauf in die Erde gebracht werden.

BESONDERE ARTEN UND SORTEN

- *Galanthus nivalis,* das heimische Kleine Schneeglöckchen, ist eine unkomplizierte Einsteigerpflanze.
- *Galanthus elwesii* ist ebenfalls unkompliziert, hat aber größere Blüten und grau-grünes Laub.
- *Galanthus woronowii* hat glänzende hellgrüne Laubblätter und zum Teil herzförmige Blütenblätter. Es stammt aus der Kaukasusregion und braucht etwas mehr Feuchtigkeit als andere Arten. 'Atkinsii', 'Magnet' und 'S. Arnott' sind zuverlässige Sorten.
- Es gibt auch gefüllte Formen des Kleinen Schneeglöckchens, etwa *Galanthus nivalis* 'Flore Pleno'.

Galanthus elwesii

GALANTHOPHILIE

Passionierte Liebhaber des Schneeglöckchens bezeichnet man als *galanthophil.* Sie veranstalten regelmäßig im Winter Events, an denen sie ihre Schätze präsentieren.

SORTENFÜLLE

Die Blüten des Schneeglöckchens haben stets drei äußere und drei kleinere innere Blütenblätter. Aber an den inneren Blütenblättern und manchmal auch an den äußeren finden sich grüne Randzeichnungen, die stark variieren. Auch die Form der Blütenblätter, die Größe der Blüten, der Habitus der Pflanze und die Blütezeit unterscheiden sich bei den vielen hundert Sorten.

Gladiolen

Gladiolus sp., auch Schwertblume

Die prächtigen Gladiolen sind großartige Sommerblumen, aber leider nicht verlässlich winterhart. Jedoch gibt es Züchtungen, die den Winter draußen unbeschadet überstehen, darunter die purpurrote *Gladiolus × byzantinus* und die zartgelbe *Gladiolus tristis*.

Familie Iridaceae

Wuchshöhe
100–150 mm

Blütezeit
Sommer

Winterhärte
Zone 7–10

Standort
sonnig und geschützt

STANDORT

Gladiolen mögen durchlässige Erde. Schwere Lehmböden können Sie mit etwas Sand auflockern. Selbst die robustesten Gladiolen benötigen Winterschutz und gedeihen daher am besten in sonnigen, geschützten Beeten oder vor Mauern (siehe Seite 94).

PFLANZBEDINGUNGEN

In der Regel werden Gladiolenknollen im Frühjahr in die Erde gebracht. Sie blühen dann im Sommer. Graben Sie die Knollen im Herbst zur frostfreien Lagerung während des Winters aus. Winterharte Sorten können Sie im Herbst setzen.

TIPPS

Die fächerförmigen Gladiolenblätter geben dem Beet etwas Dramatisches. Sie sterben im Spätsommer ab. Sorgen Sie für würdigen Ersatz, um die welken Blätter zu verstecken bzw. die Lücken zu füllen.

Gladiolus papilio

SCHWERTFÖRMIG

Gladiolen gehören gemeinsam mit der Gattung *Iris* zu den Schwertliliengewächsen. Der Name leitet sich vom lateinischen *Gladius* für Schwert ab und nimmt Bezug auf die schwertförmigen Blätter.

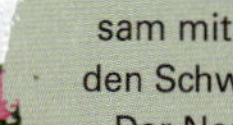

Roter Sumpfspaltgriffel

Hesperantha coccinea, syn. *Schizostylis coccinea*, auch Sumpfgladiole

Der Sumpfspaltgriffel, auch Sumpfgladiole genannt, trägt spät im Sommer seine scharlachroten, sternförmigen Blüten und wartet somit am Ende der Saison noch einmal mit einem Farbspektakel auf, das bis zum Frost anhält. Die leuchtend roten Blüten der Sorte 'Major' scheinen im Abendlicht regelrecht zu glühen.

Familie Iridaceae

Wuchshöhe
50–75 cm

Blütezeit
Spätsommer und Herbst

Winterhärte
Zone 9

Standort
sonnig

STANDORT

Der Sumpfspaltgriffel mag milde Lagen und sonnige Standorte. Er eignet sich für reine Staudenbeete wie auch für gemischte Rabatten und toleriert fast alle Bodenverhältnisse, bis auf Staunässe.

PFLANZBEDINGUNGEN

Spaltgriffel sind halbimmergrüne, mehrjährige Pflanzen, die üblicherweise im Topf gekauft und im Frühjahr oder Frühsommer ausgepflanzt werden. In der Wachstumsphase benötigen sie reichlich Wasser.

TIPPS

Der Spaltgriffel ist wuchsfreudig und bildet bald dichte Horste. Um ihn zu vermehren oder zu verschenken, ist der Frühling die geeignete Zeit zur Teilung.

WURZELGLEICHUNG

Anders als andere Arten der Gattung bildet *Hesperantha coccinea* keine Knollen, sondern Rhizome. Die Art ist daher auch als *Schizostylis coccinea* im Handel.

Rittersterne

Hippeastrum sp.

Die Zwiebelblume aus Südamerika punktet mit spektakulären Trompetenblüten in verschiedenen leuchtenden Farben, die am Ende eines dicken blattlosen Stängels stehen. Die stattliche Pflanze blüht in warmer Umgebung zur Weihnachtszeit und ist dann oft ein beliebtes Mitbringsel.

Familie Amaryllidaceae

Wuchshöhe
50–75 cm

Blütezeit
Winter

Winterhärte
Zone 10

Standort
hell und warm

STANDORT

Die Zwiebeln des Rittersterns vertragen keinen Frost und werden daher im Zimmer gehalten (siehe Seite 42). Stellen Sie den Topf an einen warmen Ort und nach dem Austrieb hell, aber nicht ins direkte Sonnenlicht.

PFLANZBEDINGUNGEN

Setzen Sie die großen Zwiebeln im späten Herbst so in einen Topf, dass mindestens die Hälfte der Zwiebel über der Erde liegt. Die erste Wassergabe ist für die Zwiebel das Signal zum Austreiben. Sobald sich die Blätter zeigen, feucht halten.

TIPPS

Die Zwiebel im Spätsommer kühl, dunkel und trocken lagern. Im späten Herbst erneut ins Licht stellen und angießen.

NAMENSKONFUSION

Die Pflanzen, die heute unter dem Namen *Hippeastrum* geführt werden, zählten früher zur Gattung *Amaryllis.* Heute umfasst *Amaryllis* nur die südafrikanischen Arten (siehe Seite 33).

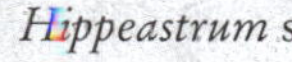

Hippeastrum sp.

Hyazinthchen

Hyacinthella sp.

Hyacinthella-Arten sind kleine, seltene Zwiebelpflanzen. Sie bilden eine Blattrosette und einen kurzen Stiel, an dessen Ende die glockenförmigen Blüten erscheinen. Die am besten für den Garten geeigneten Arten *Hyacinthella dalmatica* und *Hyacinthella glabrescens* erfreuen mit hellblauen und violetten Blüten.

Familie Asparagaceae

Wuchshöhe
5–10 cm

Blütezeit
Frühling

Winterhärte
Zone 7

Standort
sonnig, gut drainiert

STANDORT

Hyacinthella-Arten gehen im Garten schnell unter. Sie sind am besten in Frühbeeten, Töpfen oder Kästen untergebracht.

PFLANZBEDINGUNGEN

Setzen Sie die Zwiebeln im Herbst in durchlässige Erde. Halten Sie die Erde im Winter und Frühling durchgehend feucht, aber im Sommer, nachdem die Pflanze abgestorben ist, trocken.

TIPPS

Bedecken Sie bei Kultivierung im Topf die Erde mit einer Kiesschicht: So spritzt die Erde beim Gießen nicht auf die Pflanze und die Blätter bekommen weniger Feuchtigkeit ab.

GUTE GESELLSCHAFT
Hyacinthella stammt aus Südosteuropa und der Türkei und ist eine Verwandte der wohlbekannten und beliebten Hyazinthen (siehe Seite 81).

Hyacinthella nervosa

Zwiebelblumen im Schattengarten

Wer sich mit Zwiebelblumen beschäftigt, merkt schnell, dass viele Vertreter volles Sonnenlicht benötigen. Aber auch ein schattiger Garten ist kein Grund zum Verzweifeln: Es gibt genügend Zwiebelpflanzen, die im lichten Schatten laubabwerfender Gehölze gedeihen. Normalerweise sind dies frühblühende Arten, die sich Licht und Feuchtigkeit zunutze machen, bevor die Bäume ihr Blätterkleid entfaltet haben.

Zu diesen schattenverträglichen Pflanzen, die auch als Waldblumen bezeichnet werden, gehören Blausterne wie *Scilla bithynica*, Hasenglöckchen (*Hyacinthoides* sp.), manche Alpenveilchen und Fritillarien, Schneeglöckchen (*Galanthus* sp.) und Zahnlilien (*Erythronium* sp.). Zahnlilien wirken mit ihren zurückgebogenen Blüten besonders elegant. Als perfekte Waldbewohner bevorzugen sie humusreiche Erde und kühle, halbschattige Standorte (siehe Seite 65).

Pflanzen Sie frühjahrsblühende Waldblumen im Herbst. Wählen Sie einen kühlen, schattigen Standort, befreien Sie die Erde vom Laub und streuen Sie eine Mischung aus verschiedenen Zwiebeln auf den Boden. Dort, wo sie hingefallen sind, graben Sie ein Loch, das zwei- bis dreimal so tief ist, wie die Zwiebeln hoch sind. Füllen Sie das Loch mit Erde auf und drücken Sie den Boden sanft fest.

Auch viele Lilien, die im Sommer blühen, vertragen Halbschatten. Der Türkenbund *(Lilium martagon)* macht im Frühsommer den Anfang. Er kann mehr als 1 m Wuchshöhe erreichen und überragt damit andere Waldpflanzen. Es gibt eine weiße Form, normalerweise blüht er jedoch rosafarben oder purpurrot. Noch höher hinaus wächst *Lilium henryi*, ebenfalls ans Waldklima angepasst. Diese Lilie, die bis in den späten Sommer hinein blüht, hat orangefarbene Blüten und kann bis zu 2 m hoch werden.

Lilienzwiebeln sind normalerweise von Herbst bis Frühlingsanfang erhältlich. Man kauft und pflanzt sie am besten so früh wie möglich, damit die Zwiebeln außerhalb der Erde nicht austrocknen. Gepflanzt wird in lockeren Gruppen oder zwischen andere Pflanzen.

1. Die Zwiebeln der Hunds-Zahnlilie sind lang und dünn wie ein Hundezahn.
2. Heben Sie die Löcher für die Zwiebeln mit der Pflanzkelle aus. Die Lochtiefe sollte mindestens dem Dreifachen der Länge der Zwiebel entsprechen.
3. Gelbe Zahnlilien wie *Erythronium* 'Pagoda' kommen hervorragend vor Blausternen (*Scilla* sp.) zur Geltung.
4. Europäischer Hundszahn *(Erythronium dens-canis)* und gelber Lerchensporn *(Corydalis solida)* zeigen, was für ein gutes Gespann sie in einem Waldbeet sind.
5. Die Schuppen der Lilienzwiebel sind nur am Boden miteinander verbunden. Pflanzen Sie die Zwiebeln möglichst bald nach dem Kauf, damit sie an der Luft nicht zu stark austrocknen.
6. Eine orangeblütige *Lilium henryi* thront über Sommerstauden. Sie toleriert sowohl volle Sonne als auch lichten Schatten.

Hasenglöckchen

Hyacinthoides sp.

Familie Asparagaceae

Wuchshöhe
30–40 cm

Blütezeit
Frühling

Winterhärte
Zone 7

Standort vollsonnig bis halbschattig

Eine mit dem Atlantischen Hasenglöckchen *(Hyacinthoides non-scripta)* überzogene Waldfläche bietet einen überwältigenden Anblick. Tiefblaue, längliche Glöckchen hängen von einem sanft gebogenen Stiel.

STANDORT

Hasenglöckchen sind Waldpflanzen, die gleichzeitig mit dem ersten Blattaustrieb der Bäume blühen. Sie brauchen feuchte Erde und lichten Schatten, wobei das Spanische Hasenglöckchen mehr Sonne und Trockenheit im Sommer toleriert als das Atlantische.

PFLANZBEDINGUNGEN

Die Zwiebeln werden im frühen Herbst gepflanzt. Setzen Sie kleine Tuffs in eine halbschattige Ecke, besonders das wuchsfreudigere Spanische Hasenglöckchen wird sich schnell ausbreiten. Graben Sie niemals wilde Pflanzen aus!

TIPPS

Hasenglöckchen sehen zauberhaft aus, aber sie können einen kleinen Garten schnell überwuchern. Entfernen Sie, um die Ausbreitung einzugrenzen, die Samenkapseln, bevor sie sich öffnen.

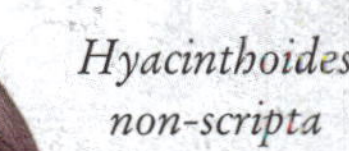

Hyacinthoides non-scripta

INVASIVE HYBRIDE

Aus dem Atlantischen und Spanischen Hasenglöckchen wurde eine besonders robuste Hybride gezüchtet. Sie ist sehr invasiv und kann auch Wildbestände des Atlantischen Hasenglöckchens verunreinigen.

Garten-Hyazinthe

Hyacinthus orientalis

Der betörende Duft und die Vielfalt der Farben von Weiß und Gelb über Rosa zu Lila und Blau haben die Hyazinthe zu einer der beliebtesten Zwiebelblumen des Frühjahrs gemacht. Obwohl sie oft im Zimmer aufgestellt wird, ist sie genauso zufrieden mit einem Platz im Garten.

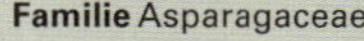

Familie Asparagaceae

Wuchshöhe
15–20 cm

Blütezeit
Frühling

Winterhärte
Zone 9

Standort
sonnig, gut drainiert

STANDORT

In einem sonnigen Gartenbeet mit guter Drainage oder im Schnittblumenbeet (siehe Seite 94) fühlen sich Hyazinthen wohl. Pflanzen, die im Zimmer abgeblüht sind, können Sie nach dem Absterben der Blätter in den Garten setzen, wo sie stets im Frühjahr erneut blühen werden.

PFLANZBEDINGUNGEN

Die im Handel erhältlichen getopften Hyazinthen stehen meist nur halb in der Erde. Im Garten sollten die Zwiebeln jedoch mindestens 5 cm Erde über sich haben.

TIPPS

Ist im Garten kein richtiger Platz für diese etwas steif wirkenden Blumen, kann man die Zwiebeln jederzeit wieder in einen Topf zurückpflanzen. Für eine Kübelbepflanzung in Frühlingsfarben bilden Hyazinthen zusammen mit Narzissen und frühen Tulpen ein gutes Gespann.

TURKISH DELIGHT

Die Wildform, *Hyacinthus orientalis* subsp. *orientalis,* stammt aus dem Süden der Türkei und ist der Ursprung der heutigen farbenfrohen Züchtungen.

Einblütiger Frühlingsstern

Ipheion uniflorum, syn. *Tristagma uniflorum*

Die hübschen sternförmigen Blüten des Frühlingssterns sind meist zartblau bis blauviolett. Seltener sind weißblütige Sorten wie 'Alberto Castillo' oder rosafarbene wie 'Charlotte Bishop'.

Familie Amaryllidaceae

Wuchshöhe
10–15 cm

Blütezeit
Frühling

Winterhärte
Zone 8

Standort
sonnig und geschützt

STANDORT

Frühlingssterne sind winterhart. Damit die jungen Blüten und Blätter nicht durch Spätfröste geschädigt werden, ist jedoch eine sonnige, geschützte Lage zu empfehlen. Die Pflanze ist recht klein, daher kommt sie im Gefäß oft besser zur Geltung.

PFLANZBEDINGUNGEN

Die Zwiebeln kommen im Herbst ins Beet oder Pflanzgefäß. Schwere Tonböden sind weniger geeignet; die Pflanzen lieben zwar Feuchtigkeit, brauchen aber gut durchlässige Erde. Auch im Sommer sollten die Zwiebeln nicht vollständig austrocknen.

TIPPS

In Gruppen kommen die Pflanzen eher zur Geltung als verstreut im Beet. Ein einzelner Frühlingsstern allein kann kaum Wirkung entfalten, mehrere ergeben jedoch einen attraktiven Blickfang im frühen Frühjahr.

FAMILIENBANDE

Ipheion ist eng verwandt mit *Allium,* dem Zierlauch, ein Reiben der Blätter setzt den typischen Knoblauchgeruch frei.

Schwertlilien

Iris sp.

Trotz zahlreicher Varianten in allen Farben des Regenbogens sind Iris stets leicht zu identifizieren. Die großen Züchtungen treiben aus dicken Rhizomen, die kleinen bilden Zwiebeln. Einige blühen im späten Winter, andere im Frühling. Die Holländische (*Iris × holandica*) und die Spanische Iris (*Iris xiphium*) blühen von Mitte bis Ende des Frühlings.

Familie Iridaceae

Wuchshöhe
10–60 cm

Blütezeit
Winter bis Frühling

Winterhärte
Zone 8

Standort
sonnig, gut drainiert

STANDORT

Alle Schwertlilien, die Zwiebeln bilden, benötigen, egal ob im Pflanzgefäß oder Beet, Sonne und gut drainierten Boden. Die wohl bekannteste Art, die Netzblatt-Iris (*Iris reticulata*), blüht mit etwas Winterschutz oft schon ab Februar. Sie eignet sich besonders für Töpfe.

PFLANZBEDINGUNGEN

Setzen Sie Iriszwiebeln im Herbst an einer sonnigen Stelle ins Beet oder in den Topf. Für die niedrigen Winterblüher wie *Iris reticulata* empfiehlt sich eine Mulch- oder Kiesschicht, um die Blätter vor feuchter Erde abzuschirmen.

TIPPS

Iris reticulata und ihre Cultivare blühen zuverlässig auch in den folgenden Jahren, wenn sie mindestens 10 cm tief gepflanzt werden. Bei zu flacher Pflanzung spaltet sich oft die Zwiebel und bringt dann nur noch Laub hervor.

Iris xiphium

REGENBOGEN

Die Iris ist nach der griechischen Göttin des Regenbogens benannt. Der Name bezieht sich auf das breite Farbspektrum, das den schönen Pflanzen zu eigen ist.

Klebschwertel

Ixia sp., auch Mistelblume, Miniaturgladiole

Ixien sind auffällige Pflanzen mit schmalem Laub und sternförmigen Blüten, oft mit dunkler Mitte. Die Farben reichen von leuchtendem Rot und Pink bis hin zu Orange, Gelb und Weiß. Eine Besonderheit ist die türkisgrüne *Ixia viridiflora.*

Familie Iridaceae

Wuchshöhe
30–50 cm

Blütezeit
Frühsommer

Winterhärte
Zone 9

Standort
sonnig und geschützt

STANDORT

Klebschwertel brauchen mildes Klima und einen sonnigen Platz, an dem sie keinen starken Frösten ausgesetzt sind. Sie blühen im Frühsommer. Sie sind gut in Töpfen untergebracht, die man im Winter mit einem Kälteschutz versehen kann.

PFLANZBEDINGUNGEN

Pflanzen Sie die Knollen im Herbst in lockeren, sandigen Boden. Wässern Sie in der Wachstumsphase reichlich, sorgen Sie jedoch gleichzeitig für gute Drainage – die Knollen brauchen es im Ruhezustand so trocken wie möglich.

TIPPS

Die besten Erfolge erzielen Sie im Topf mit gut durchlässigem sandigem Lehmboden. Überwintern Sie den Topf frostfrei und lassen Sie die Erde im Sommer vollständig abtrocknen.

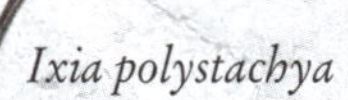

Ixia polystachya

KÄFERBESUCH

Einige Ixienarten werden von Käfern bestäubt. Die dunkle Mitte der Blüten und der fehlende Duft sind typische Merkmale dafür.

Kaphyazinthen

Lachenalia sp.

Von den über 100 wild vorkommenden Arten der Kaphyazinthe werden nur relativ wenige kultiviert. Aber einige ausgewählte Vertreter mit gefleckten oder gestreiften Blättern und farbenprächtigen, röhrenförmigen Blüten sind im Handel.

Familie Asparagaceae

Wuchshöhe
15–30 cm

Blütezeit
Frühes Frühjahr

Winterhärte
Zone 11

Standort
sonnig und geschützt

STANDORT

Kaphyazinthen stammen aus Südafrika, daher benötigen fast alle Frostschutz und einen sehr geschützten Standort. Es bietet sich somit an, die Exoten in Töpfe zu pflanzen, die Sie leicht vor Kälte schützen und bis zum Frühjahr frostfrei unterstellen können. Andererseits sollten die Töpfe nicht ganzjährig im geschlossenen Raum bleiben, da sie bei zu viel Wärme weniger Blüten bilden.

PFLANZBEDINGUNGEN

Pflanzen Sie die Zwiebeln im Spätherbst in gut drainierten Boden. Gießen Sie in der Wachstumszeit reichlich, in der Ruhephase lassen Sie den Boden jedoch austrocknen.

TIPPS

Setzen Sie die Zwiebeln dicht nebeneinander, ohne dass sie sich berühren. Oft blühen sie üppiger, wenn sie in Gruppen stehen.

Lachenalia quadricolor

NAMENSVETTER
Wie der Trivialname schon sagt, gehört *Lachenalia* zur gleichen Pflanzenfamilie wie die Hyazinthe. Der botanische Name ehrt den Botaniker Werner de Lachenal.

Österliches Farbspektakel

Im Frühling lässt sich allein mit Zwiebelblumen ein faszinierendes Blütenspektakel veranstalten. So können kahle Stellen in der Erde oder leerstehende Pflanzgefäße vom späten Winter bis zum Beginn des Sommers in leuchtenden Farben erstrahlen. Es gibt eine Fülle an frühblühenden Zwiebelblumen, die sich dafür eignen – entweder allein oder zwischen Frühblühern wie Garten-Stiefmütterchen (*Viola* × *wittrockiana*), Primeln (*Primula* 'Polyanthus'-Gruppe) und Schöterich (*Erysimum* sp.).

Zu den Frühblühern gehören Krokusse und einige Narzissen wie 'Tête-à-tête' oder 'February Gold', bald gefolgt oder ergänzt von *Scilla*-Arten wie Sternhyazinthe (*Scilla luciliae*) und Sibirischem Blaustern (*Scilla siberica*).

Farbbestimmend in der Frühlingsmitte sind Narzissen, Tulpen und Hyazinthen. Kaiserkronen (*Fritillaria imperialis*) fügen sich nun gut ins Bild ein, ebenso die kleinen Zwiebelpflanzen wie Traubenhyazinthen (*Muscari* sp.) und Windröschen (*Anemone* sp.). Sie alle lassen sich im Garten zu einem fröhlichen Frühlingszauber kombinieren. Das wohl eindrucksvollste Beispiel für einen aufs Üppigste blühenden Frühlingsgarten ist der Keukenhof-Park in den Niederlanden. Nur wenige Wochen im Frühjahr geöffnet, ist diese Gartenschau ebenso überwältigend wie inspirierend.

Beginnen Sie vor dem Pflanzen Ihrer Blumenzwiebeln im Herbst mit der Bodenvorbereitung, indem Sie den Boden lockern und Unkraut entfernen. Legen Sie die Zwiebeln im gewünschten Schema aus und stechen Sie für jede ein einzelnes Loch. Wenn Sie zusätzlich andere Gartenschönheiten einplanen, pflanzen Sie diese zuerst und verteilen dann dazwischen die Zwiebeln.

Ob im Beet oder Pflanzgefäß, nach dem Frühling sollten Sie die Zwiebeln ausgraben und durch eine Sommerbepflanzung ersetzen. Die Zwiebeln können Sie an einer weniger prominenten Stelle wieder eingraben. Und im Herbst ist es erneut an der Zeit, das nächste Osterspektakel zu projektieren.

1. Frühjahrsarrangement aus Krokus und Damen-Tulpen (*Tulipa clusiana*).
2. Dicht bepflanzte Beete in der Gartenschau des niederländischen Keukenhofs: *Anemone blanda* 'White Splendour' dient als Einfassung für ein Tulpenbeet. Im Hintergrund umrahmen Traubenhyazinthen (*Muscari* sp.) ein Beet mit gefüllten Tulpen.
3. Höhepunkt des Frühlings: *Narcissus* 'Jack Snipe' und 'Little Witch'; unter den Tulpen die pinkfarbene *Tulipa* 'Beauty Queen' und *Tulipa* 'Golden Apeldoorn'.
4. Zwiebelblumen bieten in Terrakottatöpfen einen ebenso prächtigen Anblick wie im Beet.
5. Rosa Tulpen werden, umrahmt von dunkelvioletten Primeln der Polyanthus-Gruppe, einmal mehr zum Blickfang, wie diese Pflanzschalen in den Königlichen Botanischen Gärten von Kew beweisen.

Sonnenglanz

Leucocoryne sp., auch Glory of the Sun

Diese wunderschöne Frühlingszwiebelblume bildet einen langen, dünnen Stiel, den eine lockere Dolde mit tellerförmigen Blüten in Weiß, Blau oder Lila krönt. Die Blüten haben manchmal ein gelbes oder violettes Zentrum.

Familie Amaryllidaceae

Wuchshöhe
30–50 cm

Blütezeit
Frühling

Winterhärte
Zone 11

Standort
sonnig und geschützt

STANDORT

Aus den Wüsten und sommertrockenen Regionen Chiles stammend, braucht Sonnenglanz einen warmen, sonnigen, frostfreien Standort mit gut durchlässigem Boden. Der Exot wird bei uns meist in Töpfen gehalten, kann aber im milden Stadtklima bzw. an einem geschützten Ort auch im Beet überwintern.

PFLANZBEDINGUNGEN

Pflanzen Sie die Zwiebeln in Kies- oder Sandboden und schützen Sie sie im Winter vor Frost. Nach der Blüte sterben die schmalen Blätter ab, der Boden sollte dann bis zum Spätherbst trocken bleiben.

TIPPS

Sonnenglanz braucht im Winter so viel Licht wie möglich. Ein Platz auf einer sonnigen Fensterbank oder im frostgeschützten Wintergarten ist daher von Vorteil.

Leucocoryne ixioides

WÜSTENBLUME

Die Blüten des Sonnenglanz sind Teil eines Naturschauspiels: der blühenden Atacama-Wüste. Nach seltenen Regenfällen sprießen tausende Blumen aus dem kargen Boden und die Wüste verwandelt sich in ein Farbenmeer.

Knotenblumen

Leucojum sp.

Die Sommer-Knotenblume *(Leucojum aestivum)* sieht aus wie ein großes Schneeglöckchen (*Galanthus* sp.), die Blütenblätter sind jedoch etwas breiter und tragen grüne oder gelbe Tupfen an den Spitzen. Die Frühlings-Knotenblume *(Leucojum vernum)*, auch Märzenbecher genannt, ist kleiner. Beide Arten blühen im Frühling.

Familie Amaryllidaceae

Wuchshöhe
10–50 cm

Blütezeit
Frühling

Winterhärte
Zone 7

Standort
sonnig bis halbschattig

STANDORT

Knotenblumen eignen sich für sonnige Beete mit frischem, aber gut durchlässigem Boden. Auch an lichten Schattenplätzen unter Laubbäumen und Sträuchern fühlen sie sich wohl.

PFLANZBEDINGUNGEN

Knotenblumen sind anspruchslos, solange der Boden im Sommer nicht vollständig austrocknet. Die Sommer-Knotenblume ist wuchsfreudig, ohne invasiv zu sein, und bildet blattreiche Horste.

TIPPS

Pflanzen Sie die kleineren Märzenbecher an den Beetrand, während sich die Sommer-Knotenblume auch zwischen höheren Pflanzen behauptet. Auch an einem Bachlauf, in feuchtem, aber nicht wassergetränktem Boden kommt sie gut zurecht.

Leucojum vernum

ANTIVIRAL
Studien haben ergeben, dass Alkaloide aus den Zwiebeln von *Leucojum vernum* antivirale Eigenschaften besitzen und zur Therapie von HIV eingesetzt werden können.

Lilien

Lilium sp.

Wenn im Hochsommer die prächtigen, oft duftenden Blüten der Lilien erscheinen, wird schnell klar, warum sie zu den beliebtesten Gartenblumen zählen. Ihre Blütenpracht kann es mit jeder Sommerstaude aufnehmen. Bei einigen Sorten erheben sich die Blüten 2 m über den Boden.

Familie Liliaceae

Wuchshöhe
50–200 cm

Blütezeit
Sommer

Winterhärte
Zone 7

Standort
sonnig bis halbschattig

STANDORT

Lilien benötigen im Sommer Feuchtigkeit ohne Staunässe. In humusreichem Boden können sie zusammen mit Stauden in einem sonnigen bis halbschattigen Beet oder unter Bäumen stehen. Sie eignen sich auch hervorragend für Terrassenbepflanzung in großen Töpfen.

PFLANZBEDINGUNGEN

Arbeiten Sie vor dem Pflanzen Kompost in den Boden ein, dann hält er die Feuchtigkeit, ohne Staunässe zu bilden (siehe Seite 78). Manche Lilien, insbesondere die orientalischen Hybriden, benötigen sauren Boden; erkundigen Sie sich vor dem Kauf nach den Ansprüchen.

TIPPS

Lilienzwiebeln sind den ganzen Winter über erhältlich und werden auch noch im Frühjahr angeboten. Der beste Pflanzzeitpunkt ist jedoch bereits im Spätherbst. So verhindern Sie, dass die Zwiebeln während der Lagerung zu sehr austrocknen.

DIE ZWIEBEL ZEIGT'S

Lilien kommen in großer Vielfalt auf der gesamten Nordhalbkugel vor. Ein gemeinsames Merkmal ist, dass ihre Zwiebel aus losen Schuppen besteht, die nur an der Basis miteinander verwachsen sind (siehe Seite 79).

Lilium martagon

Lilium henryi

BESONDERE ARTEN UND SORTEN

- *Lilium regale,* die Königs-Lilie, ist eine der imposantesten Arten. Sie hat glänzende, weiße Trichterblüten, die außen purpurrot überzogen sind und zur Basis hin gelb werden. Die Blüten stehen auf 1 m hohen, blattreichen Stängeln.
- Der bei uns heimische Türkenbund *(Lilium martagon)* ist pflegeleicht. Mit den zurückgebogenen Blütenblättern erinnern die Blüten an einen Turban. Die Farben reichen von tiefem Pflaumenrot über Fliederfarben bis hin zu Weiß. Ebenfalls als Türkenbund-Lilien werden die Arten *Lilium henryi* und *Lilium davidii* bezeichnet. Beide bilden nickende, orangefarbene Blüten, die zur Mitte hin dunkel gesprenkelt sind. Die Staubbeutel an den langen Filamenten sind recht auffällig.
- Die asiatischen Lilien sind ebenfalls leicht zu kultivieren. Sie haben große, sternförmige Blüten in vielen Farben. Bei einigen Züchtungen hängen die Blüten nicht, sondern sind nach oben gerichtet. Kurzstielige Formen eignen sich am besten für Töpfe.
- Trompeten-Lilien ähneln der Königs-Lilie. Diese Hybriden gibt es in Weiß, Gelb, Orange und Rottönen. Sie eignen sich auch als Topfpflanzen.
- Die orientalischen Hybriden blühen gegen Ende des Sommers mit betörendem Duft. Sie mögen saure Böden. Ihre Blüten können trompeten-, schalen- oder turbanförmig sein.

Lilium pardanthinum

Lilium pardanthinum, syn. *Nomocharis pardanthina*

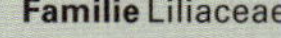

Familie Liliaceae

Wuchshöhe
30–90 cm

Blütezeit
Sommer

Winterhärte
Zone 7

Standort
kühl und halbschattig

Diese chinesische Lilie bildet Blüten in Blassrosa oder Weiß. Die Blütenblätter sind dicht mit purpurnen Punkten übersät und haben fransige Ränder. Sie gehörte früher zu Gattung *Nomocharis*, die jedoch aufgelöst wurde. Heute wird sie den Lilien zugeordnet, auch wenn sie noch oft unter dem alten Namen verkauft wird. *Lilium apertum* (syn. *Nomocharis aperta*) sieht ähnlich aus, hat aber dunkelrosa Blüten.

STANDORT

Diese Lilie braucht einen kühlen, halbschattigen Ort, sauren Boden und im Sommer viel Feuchtigkeit. Daher gedeiht sie gut unter Bäumen oder im Halbschatten eines Gebäudes. Als Topfpflanze ist sie weniger geeignet.

PFLANZBEDINGUNGEN

Pflanzen Sie die kleinen Zwiebeln zwischen Spätherbst und frühem Frühjahr in humusreichen, feuchten, aber nicht durchnässten Boden an eine Stelle, die im Sommer nicht austrocknet.

TIPPS

Wo Rhododendren oder andere säureliebende Pflanzen wachsen, fühlt sich auch *Lilium pardanthinum* wohl.

RARITÄT

Lilium pardanthinum ist oft nur bei Spezialhändlern im Sortiment. Möglicherweise müssen Sie ein wenig nach ihr suchen, aber wenn Sie die richtigen Bedingungen im Garten bieten können, ist ihr Anblick die Mühe wert.

Moraea

Moraea sp.

Zur Gattung *Moraea* zählt eine große Vielfalt afrikanischer Schönheiten. Sie gehören zur Familie der Schwertliliengewächse. Je nach ursprünglichem Lebensraum blühen sie im Winter oder im Sommer. Für den Garten am besten geeignet sind die im Sommer blühenden Arten wie die hohe, leuchtend gelbe *Moraea huttonii.*

Familie Iridaceae

Wuchshöhe
50–70 cm

Blütezeit
Sommer

Winterhärte
Zone 10

Standort
sonnig und geschützt

STANDORT

Die sommerblühenden Arten sind zwar robust, brauchen aber dennoch einen geschützten Platz in voller Sonne. In Gegenden ohne starke Fröste eignen sie sich gut zur Steingarten- oder Kübelbepflanzung.

PFLANZBEDINGUNGEN

Pflanzen Sie die Knollen der sommerblühenden Arten im frühen Frühjahr in gut drainierten, kieshaltigen oder sandigen Boden. Die Pflanzen brauchen zum Wachsen viel Wasser. Erst nachdem die Blätter abgestorben sind, sollten die Knollen über den Winter eher trocken gehalten werden.

TIPPS

Schützen Sie die Exoten vor häufigen Frösten mit einer dicken Mulchschicht oder setzen Sie sie in Töpfe, die Sie im kühlen Gewächshaus oder Wintergarten aufstellen können.

Moraea huttonii

FEINE DETAILS

Alle *Moraea*-Arten sehen der Iris zum Verwechseln ähnlich. Wer genau hinsieht, erkennt feine Unterschiede in der Blütenstruktur. Außerdem bilden sie Knollen statt Zwiebeln oder Rhizome.

Buntes Schnittblumenbeet

Manche Zwiebelblumen sind hervorragende Schnittblumen, aber wer im eigenen Blumenbeet wildert, macht die sorgfältig geplante Gestaltung zunichte. Warum also nicht Schnittblumen extra anpflanzen? Das Zierbeet in Sichtweite bleibt unangetastet und Sie haben dennoch frische Blumen fürs Zimmer.

Dafür gilt es, eine Stelle im Garten vorzusehen, an der es nicht auffällt, wenn die Blumen weniger werden. Ein schmaler Streifen für ein paar Reihen für Zwiebeln reicht aus. Machen Sie die vorgesehene Fläche frei und lockern Sie den Boden auf. Bei schwerer Erde arbeiten Sie Kompost ein, was ebenfalls den Boden lockert und den Wasserabfluss verbessert.

Anstatt für jede Zwiebel ein Loch zu graben, erleichtert man sich die Arbeit mit einer flachen Rinne. Die Erde dafür zu beiden Rändern der Rinne wegschieben und die Zwiebeln einlegen. Anschließend die Erde über die Zwiebeln zurückschieben. Genauso macht man es im Gemüsegarten – grundsätzlich besteht kein Unterschied zwischen einer Reihe Gemüsezwiebeln und einer Reihe Blumenzwiebeln. Übrigens ist es auch üblich, im Gemüsegarten Schnittblumen anzupflanzen.

Wählen Sie für diesen Zweck Zwiebelblumen aus, die zu verschiedenen Zeiten blühen. Narzissen, Tulpen und Hyazinthen sind farbenprächtige Kandidaten, an denen Sie in der Vase lange Freude haben. Schneiden Sie die Blumen, solange die Knospen noch geschlossen sind. Die Blüten werden sich in der Wärme des Zimmers bald öffnen. Später im Jahr blühen Kandidaten wie Gladiolen und Zierlauch-Arten. Auch sie halten sich nach dem Schnitt lange. Selbst nachdem der Zierlauch abgeblüht ist, bieten die Samenköpfe noch einen großartigen Anblick: wie Wunderkerzen, die in der Vase Funken stieben.

1. So ist es einfacher: Pflanzen Sie Schnittblumen in Reihen. Schon eine kleine Fläche reicht für ein reichhaltiges Sortiment.
2. Legen Sie die Blumenzwiebeln, im Bild sind es Tulpen, relativ dicht nebeneinander. Große Abstände sind nicht nötig, da die Stiele geschnitten werden, sobald die Knospen erscheinen.
3. Narzissen gehören zu den frühen Frühlingsboten. Mit einem Strauß aus dem eigenen Garten holen Sie sich den Frühling ins Haus.
4. Die gefüllte *Tulipa* 'Drumline' blüht etwas später. Im Garten schiebt sie ihre Stiele kerzengerade in die Höhe. Sobald sie aber in die Vase kommt, neigt sie sich elegant herab.
5. Wählen Sie verschiedene Narzissenarten für einen leuchtenden Frühling in der Vase.

1

2

3

4

5

Traubenhyazinthen

Muscari sp.

Diese kleinen Frühlingsblüher sind beliebt, weil sie so farbenfroh wie pflegeleicht sind. Die blauen Blütenglöckchen stehen in Trauben beieinander. Auch weiße und rosa Formen sind erhältlich. Die Blätter sind meist lang und schmal.

Familie Asparagaceae

Wuchshöhe
10–20 cm

Blütezeit
Frühling

Winterhärte
Zone 7

Standort
sonnig bis halbschattig

STANDORT

Traubenhyazinthen eignen sich für fast jeden Gartenstandort: zur Unterpflanzung von Sträuchern, verteilt im Beet oder sogar im Gras.

PFLANZBEDINGUNGEN

Die meisten Traubenhyazinthen sind winterhart, robust und anspruchslos, Staunässe und tiefen Schatten sollte man allerdings vermeiden. Pflanzen Sie im Herbst und überlassen Sie den Rest der Natur.

TIPPS

Die wuchsfreudigen Arten wie *Muscari armeniacum* können sich am falschen Ort zur Plage ausweiten, sind aber ideal für dichte oder großflächige Bepflanzung unter Sträuchern oder am Fuß einer Hecke.

Muscari armeniacum

STOLA

Die meisten Traubenhyazinthen bilden mehrere grasartige Blätter, aber *Muscari latifolium* bringt ein einzelnes, aufrechtes, breites Blatt hervor. Für die kleinen, blauen Blütenstände gibt es einen eleganten Hintergrund ab.

Narzissen

Narcissus sp., auch Osterglocken

Frühling und Narzissen gehören untrennbar zusammen. Die weithin leuchtenden Blüten geben das Signal, dass der Winter nun vorüber ist. Die typische Narzissenblüte besteht aus sechs Blütenblättern und einer Nebenkrone in der Mitte. Sie erscheinen einzeln oder zu mehreren in Gelb, Weiß oder auch Lachsfarben.

Familie Amaryllidaceae

Wuchshöhe
15–50 cm

Blütezeit
Frühling

Winterhärte
Zone 7

Standort
sonnig bis halbschattig

STANDORT

Narzissen können im Beet, am Fuß eines Baumes oder im Gras angesiedelt werden (siehe Seite 86). Sie sind extrem anpassungsfähig und meist pflegeleicht. Kleinere Sorten eignen sich auch für Kästen oder Töpfe (siehe Seite 58).

PFLANZBEDINGUNGEN

Setzen Sie die Zwiebeln im Frühherbst 10–15 cm tief in die Erde. Sie wirken wahllos ins Beet gestreut ebenso wie in Tuffs gruppiert. Die kleinen Arten wie *Narcissus bulbocodium* benötigen eine gute Drainage und einen Standort, an dem sie nicht von anderen Pflanzen überwuchert werden.

TIPPS

Nach der Blüte halten sich die Blätter noch einige Wochen. Manche Gärtner binden sie dann zusammen, was die Photosynthese behindern und die Zwiebel schwächen kann. Wachsen Ihre Narzissen im Rasen, mähen Sie erst wieder, wenn die Blätter abgestorben sind.

SONDERLINGE
Die überwiegende Mehrheit der Narzissen blüht im Frühjahr, einige wenige Arten aber auch im Herbst, darunter die bizarre, grün blühende *Narcissus viridiflorus.*

Narcissus bulbocodium

Narcissus papyraceus

NARZISSENKLASSEN

Die vielen Narzissenarten werden auf Basis der Blütenform in Klassen eingeteilt. Zu den beliebtesten zählen die Trompetennarzissen, etwa die gelbe 'Dutch Master' und die weiße 'Mount Hood'. Sie schmücken sich mit langer Nebenkrone und sind für viele der Inbegriff der Narzisse. Die Nebenkronen der Großkronigen Narzissen sind kürzer als bei den Trompetennarzissen, noch kürzer – weniger als ein Drittel der Länge der Hauptkronenblätter – sind sie bei den Kleinkronigen Narzissen. Es gibt Gefüllte Narzissen, bei denen die Nebenkrone fehlt und von zusätzlichen sich überlappenden Blütenblättern ersetzt wird. Bei den Geschlitztkronigen Narzissen ist die Nebenkrone auf der Hälfte der Länge gespalten und flach ausgebreitet. Mehrere Klassen tragen die Namen bestimmter Arten. Die Tazetten sind nach der mehrblütigen *Narcissus tazetta* benannt. Zu ihnen zählt auch die frühblühende, duftende, weiße *Narcissus papyraceus*. *Narcissus cyclamineus* und die frühblühende Narzisse 'February Gold' gehören zu den Cyclamineus-Narzissen, die zurückgeschlagene Blütenblätter aufweisen.

Nerine

Nerine bowdenii, auch Guernseylilie

Die kräftigen Triebe der Nerine schieben sich im Herbst aus dem Boden. An ihren Spitzen erscheinen Dolden aus filigranen trompetenförmigen Blüten. *Nerine bowdenii* bildet leuchtend rosafarbene Blüten. Aber auch weiße und intensiv rosarote Züchtungen, etwa die Sorte 'Isabel', sind erhältlich.

Familie Amaryllidaceae

Wuchshöhe
40–60 cm

Blütezeit
Herbst

Winterhärte
Zone 8

Standort sonnig und frostgeschützt

STANDORT

Jeder offene sonnige Platz im Beet ist *Nerine bowdenii* recht. Sie bietet gerade dann willkommene Farbtupfer, wenn die Sommerstauden sich zurückziehen. In frostgefährdeten Gegenden ist eine geschützte Stelle anzuraten, zum Beispiel vor einer Mauer mit Ausrichtung zur Sonne.

PFLANZBEDINGUNGEN

Die Blätter der Nerine erscheinen nach den Blüten und ziehen erst nach dem Winter ein. Neue Zwiebeln setzen Sie im Frühjahr nur knapp mit Erde bedeckt. Nerinen können ein oder zwei Jahre Anlauf benötigen, sobald sie sich aber etabliert haben, blühen sie zuverlässig.

TIPPS

Nerine bowdenii ist die winterhärteste Nerine. Von anderen Pflanzen bedrängt zu werden, mag sie nicht. Unter ihresgleichen stehen sie aber gerne eng und blühen dann oft am besten.

NEUE HEIMAT

Die aus Südafrika stammende rote *Nerine sarniensis* wurde in Europa zuerst auf den Kanalinseln angesiedelt. Daher werden Nerinen auch Guernseylilien genannt.

Milchsterne

Ornithogalum sp., auch Stern von Bethlehem

Viele der *Ornithogalum*-Arten kommen wild in Südafrika vor. Für unsere Gärten sind Mittelmeerarten aufgrund ihrer Frosthärte jedoch am besten geeignet. Im Frühling erstrahlen ihre weißen Sternblüten, teils mit grünen Streifen.

Familie Asparagaceae

Wuchshöhe
10–50 cm

Blütezeit
Frühling

Winterhärte
Zone 7

Standort
sonnig, gut drainiert

STANDORT

Milchsterne lieben sonnige Plätze, aber auch im hellen Halbschatten unter Bäumen oder im Gras kommen sie zurecht. Sie brauchen einen sehr durchlässigen Boden oder ein Kiesbeet.

PFLANZBEDINGUNGEN

Winterharte Arten wie der Dolden-Milchstern *(Ornithogalum umbellatum)* und der Nickende Milchstern *(Ornithogalum nutans)* sind pflegeleicht und ausbreitungsstark. Gepflanzt wird im Herbst.

TIPPS

Arten wie *Ornithogalum umbellatum* können sich über Tochterzwiebeln schnell ausbreiten und den Boden mit Sternen übersäen. Nach der Blüte wird das Laub allerdings schnell unansehnlich. Blattreiche Sommerstauden, in unmittelbare Nähe gepflanzt, überdecken die welken Blätter.

Ornithogalum nutans

AUFGEHENDER STERN

Ornithogalum-Arten wachsen wild im Nahen Osten. Dies erklärt, warum die kleinen weißen Sternchen auch „Stern von Bethlehem" genannt werden.

BESONDERE SÜDAFRIKANISCHE ARTEN

Ornithogalum candicans (Sommerhyazinthe), früher als *Galtonia candicans* bezeichnet, ist eine der wenigen winterharten südafrikanischen Arten und übersteht Temperaturen bis –10 °C. Die vielen wächsern wirkenden, weißen Glockenblüten gruppieren sich um einen blattlosen Stiel, der bis zu 1,25 m hoch werden kann. In der Gruppe sehen sie im Sommerbeet eindrucksvoll aus. Setzen Sie die Zwiebeln im frühen Frühjahr. Der Boden sollte im Sommer Feuchtigkeit speichern, aber gut durchlässig sein. Geben Sie feinen Kies unter die Zwiebel oder ziehen Sie die Pflanzen in großen Töpfen mit freiem Ablauf.

Folgende Arten benötigen frostfreie Bedingungen und eignen sich besser für Topfkultur. Alternativ gräbt man sie aus und lagert sie im Winter frostfrei.

- *Ornithogalum dubium,* der orangefarbene Milchstern, bildet große Blüten, wird aber nur etwa 30 cm hoch.
- *Ornithogalum saundersiae,* der Riesen-Chincherinchee, wird mehr als 90 cm hoch. Seine weißen Blüten bilden an der Spitze des Stiels einen flach gewölbten Blütenteller.
- *Ornithogalum thyrsoides,* der Kap-Milchstern, bildet weiße Blütentrauben. Er wird bis zu 60 cm hoch.

Ornithogalum candicans

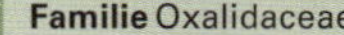

Sauerklee

Oxalis sp.

Die Schönsten aus der Artenvielfalt dieser Gattung sind *Oxalis versicolor* und *Oxalis hirta*. Sie schmücken sich mit attraktiv gefiederten Blättern und farbigen trichterförmigen Blüten. Aber Achtung, in dieser Gattung gibt es auch hartnäckige Beikräuter, die man im Garten besser vermeidet.

Familie Oxalidaceae

Wuchshöhe
10–20 cm

Blütezeit
Ganzjährig, je nach Art

Winterhärte
Zone 10

Standort
sonnig

STANDORT

Die schönen Zierkleearten sind meist Kandidaten für eine geschützte Stelle im Steingarten oder Kübel. Der rote Dreieckige Glücksklee, *Oxalis triangularis*, ist ein schöner Hingucker im Balkonkasten oder kühlen Wintergarten.

PFLANZBEDINGUNGEN

Pflanzen Sie die Zwiebeln in durchlässigen Boden in die volle Sonne. Einige Arten brauchen frostfreie Bedingungen oder zumindest einen Kälteschutz. Vertreter, die im Garten wuchern, können lästig werden.

TIPPS

Sauerkleezwiebeln, die zusammen mit anderen Frühlingszwiebeln verkauft werden, sind eher unproblematisch. Stellen Sie ansonsten sicher, dass sie keine invasiven Arten erwischen.

Oxalis versicolor

PROBLEMKIND
Einige Sauerkleearten bilden kriechende Wurzelausläufer. So ist der Horn-Sauerklee, *Oxalis corniculata*, ein weitverbreitetes Unkraut, das kaum zu bekämpfen ist.

Zwiebelblumen aus Samen ziehen

Zugegeben, vom Samen bis zur Blüte kann es lange dauern. Ist es dann aber soweit, ist der Stolz umso größer. Die meisten Zwiebelpflanzen benötigen von der Aussaat bis zur ersten Blüte ungefähr drei Jahre, manche länger. Der Vorteil der Vermehrung durch Samen liegt in der großen Anzahl der zu erwartenden Zwiebeln.

Krokusse, Tulpen, Zierlauch und Fritillarien gehören zu den dankbarsten Objekten für den Anfang, aber auch andere Zwiebelblumen verursachen wenig Probleme: Letztlich ist nichts weiter erforderlich als Geduld. Zuerst gilt es, Samen der gewünschten Pflanzen zu gewinnen. Haben Sie ein wachsames Auge auf ihre Zwiebelblumen, nachdem sie verblüht sind. Verpassen Sie den Zeitpunkt, an dem die Samenkapseln aufplatzen, finden Sie die Samen in der Erde nicht wieder. Trocknen Sie die Samen in einem Briefumschlag oder einer Papiertüte.

Die beste Zeit, die Samen in Töpfe zu pflanzen, ist dann, wenn die Mutterpflanze nach ihrer Ruhephase wieder austreibt. Bei frühblühenden Zwiebelblumen ist das der Herbst oder frühe Winter; bei Sommerblühern säen Sie im späten Winter oder zu Frühlingsanfang. Es kann nun mehrere Wochen dauern, bis sich Keimblätter zeigen. Sie sehen bei den meisten Arten wie Grashalme aus.

Nun gilt es, die Sämlinge nicht zu stören. Gönnen Sie ihnen noch mindestens ein Jahr ungestörte Topfruhe. In dieser Zeit bilden sie eine winzige Zwiebel aus. Die Erde sollte dabei niemals vollständig abtrocknen, auch in der Ruhephase nicht. Sehen die Keimlinge stark und kräftig aus, haben sie voraussichtlich eine gesunde Zwiebel gebildet und können während der nächsten Vegetationsruhe in einen größeren Topf vereinzelt werden. Danach sollten sie noch ein oder zwei Jahre kräftiger werden, bevor sie ins Freiland dürfen.

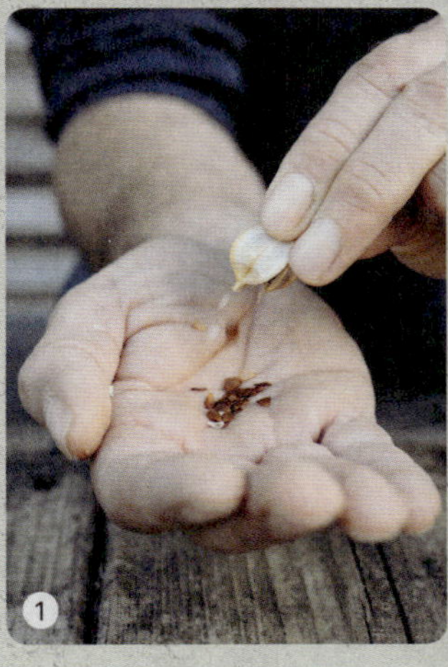

1. Brechen Sie die trockenen Fruchtstände vorsichtig auf und schütteln Sie die Samen in die hohle Hand oder direkt in eine Papiertüte.
2. Befüllen Sie einen kleinen Topf bis auf 2–3 cm unter den Rand mit Anzuchterde und streuen Sie die Samen auf die Oberfläche.
3. Bedecken Sie die Samen mit gesiebter Erde.
4. Bedecken Sie die Oberfläche dünn mit Kies; das verhindert, dass heftiger Regen die Samen auswäscht. Stellen Sie den Topf in einen Untersetzer voll Wasser.
5. Die Schösslinge der Damen-Tulpe *(Tulipa clusiana)* bilden dünne Keimblätter, die aussehen wie Grashalme.
6. Wie die meisten Zwiebelblumen gelangt die Damen-Tulpe drei bis fünf Jahre nach dem Keimen zur Blüte.

Puschkinie

Puschkinia scilloides, auch Kegelblume

Die Puschkinie ist eine hübsche kleine Zwiebelblume, die Blausternen (*Scilla* sp.) ähnelt. Die Blüten sind jedoch blass hellblau mit dunkelblauen Längsstreifen. Im Zentrum erhebt sich eine winzige, kelchförmige Nebenkrone, die die Staubbeutel umgibt.

Familie Asparagaceae

Wuchshöhe
10 cm

Blütezeit
Frühling

Winterhärte
Zone 7

Standort
sonnig bis halbschattig, durchlässiger Boden

STANDORT

Da Puschkinien recht klein sind, lässt sich ihre Schönheit am besten in einem Kübel oder am Rand eines Beets genießen. Sie benötigen durchlässigen Boden und volle Sonne bis Halbschatten.

PFLANZBEDINGUNGEN

Pflanzen Sie die Zwiebeln im Herbst für ein Frühlingsbeet oder kombinieren Sie sie im Topf mit größeren Zwiebeln, die zur gleichen Zeit blühen, wie Narzissen und Tulpen.

TIPPS

Kleine Zwiebelblumen wie die Puschkinie pflanzt man am besten in Gruppen, da sie in einem Garten einzeln kaum zur Geltung kommen.

WENIG ZIMPERLICH

Manchmal sind die kleinsten Pflanzen die zähesten. Puschkinien wachsen in den Bergen Anatoliens in bis zu 3500 m Höhe. Sie blühen bereits, wenn der Schnee gerade erst zu schmelzen beginnt.

Grasstern

Rhodohypoxis baurii, auch *Hypoxis baurii*

Grassterne bilden niedrige Polster aus grasartig schmalen Blättern. In Gruppen gepflanzt, entsteht im Sommer ein mehrere Wochen blühender Teppich aus roten, rosafarbenen oder weißen Sternblüten.

Familie Hypoxidaceae

Wuchshöhe
10–15 cm

Blütezeit
Sommer

Winterhärte
Zone 10

Standort
sonnig, gut drainiert

STANDORT

Diese Pflanze, die aus den Sommerregengebieten Südafrikas stammt, braucht während des Wachstums viel Feuchtigkeit, will aber im Winter relativ trocken gehalten werden. Bedingungen, die sie am besten in einer Schale oder im Topf vorfinden.

PFLANZBEDINGUNGEN

Bedecken Sie die kleinen, knubbeligen Rhizome nur dünn mit Erde. Da der Grasstern im Winter feuchte Erde nicht verträgt, sollte überschüssiges Gießwasser frei abfließen können.

TIPPS

Wenn Sie Grassterne in Töpfen pflanzen, überwintern Sie sie an einem kühlen Ort, idealerweise im Gewächshaus. Bei Freilandkultur schützen Sie die Pflanzen mit einer Glasscheibe oder einer durchsichtigen Kunststoffplatte vor Schnee und Regen.

WASSER, WASSER!
Rhodohypoxis baurii stammt aus den hohen Lagen der Drakensberge in Südafrika und ist Böden gewöhnt, die im Sommer reich mit Wasser versorgt sind.

Scheinkrokus

Romulea bulbocodium, auch Sandkrokus

Romulea bulbocodium ist der anspruchsloseste und am weitesten verbreitete Scheinkrokus. Die trichterförmigen Blüten sind lila-violett, oft mit gelbem Schlund, und ähneln denen des Frühlingskrokus. Allerdings stehen die Blüten auf kurzen Stängeln zwischen den langen, fadenförmigen Blättern.

Familie Iridaceae

Wuchshöhe
10–20 cm

Blütezeit
Frühling

Winterhärte
Zone 9

Standort
sonnig, gut drainiert

STANDORT

Dieser mediterrane Scheinkrokus benötigt warme, sonnige Lagen. Perfekt sind Kübel, Steingarten oder ein geschütztes Kiesbeet.

PFLANZBEDINGUNGEN

Gepflanzt wird im Herbst in gut durchlässigen Boden. Die kleinen Knollen treiben im Winter aus und blühen im Frühjahr, brauchen aber einen geschützten Standort, an dem sie vor starken Frösten sicher sind.

TIPPS

Die mediterrane Pflanze entfaltet ihre farbenprächtigen Blüten in der Sonne. Setzen Sie sie daher an einen Ort, an dem sie möglichst viel Frühlingssonne abbekommen.

DISJUNKTION
Die meisten *Romulea*-Arten sind im südlichen Afrika heimisch, nur ein Bruchteil kommt im Mittelmeerraum vor. Ein weit vom restlichen Verbreitungsgebiet entfernt liegendes Areal nennt man Disjunktion.

Ingwerorchideen

Roscoea sp., auch Scheinorchis

Die meist lila oder gelben Blüten dieser exotischen Schönheiten ähneln den Orchideen. Je nach Art blühen sie zwischen spätem Frühjahr und Spätsommer.

Familie Zingiberaceae

Wuchshöhe
20–60 cm

Blütezeit
Spätfrühling bis Sommer

Winterhärte
Zone 8

Standort
halbschattig

STANDORT

Aus dem Südwesten Chinas und dem Himalaya stammend, wo es im Sommer häufig regnet, braucht die Ingwerorchidee feuchten Boden und kühlen Schatten. Pflanzen Sie sie unter Bäume oder in einen Kasten. Ihre Ruhephase liegt im Winter, den sie gut draußen übersteht, vorausgesetzt, sie wurde mindestens 10 cm tief gepflanzt und der Boden gefriert nicht bis in diese Tiefe durch.

PFLANZBEDINGUNGEN

Die Ingwerorchidee bildet ein Rhizom mit langen, fleischigen Wurzeln, das im Herbst gepflanzt wird. Der Boden sollte Feuchtigkeit binden, aber durchlässig sein. Im Sommer gut bewässern und im Winter Nässe vermeiden.

TIPPS

Ingwerorchideen bilden im Lauf der Zeit dichte Horste. Dann ist es Zeit, sie auszugraben, die Wurzeln vorsichtig zu entwirren und sie mit frischer Erde und mehr Platz neu zu verteilen.

Roscoea humeana

ROTE NEUHEIT

In Nepal ist eine ungewöhnliche Form von *Roscoea purpurea* heimisch. Als einziger Vertreter der Gattung bildet sie rote Blüten. Diese *Roscoea purpurea* f. *rubra* ('Red Gurkha') ist bis heute eine einzigartige Ingwerorchidee.

Blausterne

Scilla sp., auch Sternhyazinthen

Es gibt im Vorfrühling kaum einen schöneren Anblick als einen Blausternteppich, der den kahlen Boden unter den Bäumen bedeckt. Unter den vielen *Scilla*-Arten erreichen einige eine Höhe von 60 cm oder mehr, während andere sich dicht an den Boden schmiegen. Die Mehrheit blüht im Frühjahr.

Familie Asparagaceae

Wuchshöhe
10–60 cm

Blütezeit
Meist Frühjahr

Winterhärte
Zone 7

Standort
sonnig bis halbschattig

STANDORT

Kleine *Scilla*-Arten wie die Sternhyazinthen *(Scilla forbesii* und *Scilla luciliae)* lassen sich leicht unter Laubbäumen oder im Rasen verwildern, wo sie bald den Boden zuwachsen werden. Andere wie der Sibirische Blaustern *(Scilla siberica)* eignen sich am besten für Kübel oder Steingarten.

PFLANZBEDINGUNGEN

Die meisten Blausterne benötigen lockeren, durchlässigen, aber feuchtigkeitsspeichernden Boden. Schön sind Kombinationen mit anderen Frühblühern wie Schneeglöckchen (*Galanthus* sp.) und Winterling *(Eranthis hyemalis)*.

TIPPS

Streuen Sie die Zwiebeln im Herbst in ein Beet und pflanzen Sie sie dort, wo sie landen. So entsteht ein naturnahes Bild. *Scilla* wird sich bald von selbst verbreiten.

GEKRÖNTE HÄUPTER

Die Sternhyazinthen wie *Scilla forbesii* und *Scilla luciliae* werden noch unter dem alten Gattungsnamen *Chionodoxa* angeboten. Sternhyazinthen erkennt man an den Staubfäden, die eine kleine, weiße Krone im Zentrum der Blüte bilden.

Scilla siberica

BESONDERE ARTEN

- *Scilla bifolia* bringt früh tiefblaue Blüten an kurzen Stielen hervor.
- *Scilla bithynica* eignet sich am besten zum Verwildern. Sie ist robuster und blüht etwas später als die ähnliche *Scilla bifolia.* An geeigneter Stelle in halbschattiger Lage sät sie sich reichlich aus.
- *Scilla forbesii* (syn. *Chionodoxa forbesii*), eine weitere gute Sorte zum Verwildern, blüht etwas früher als *Scilla bithynica.*
- *Scilla mischtschenkoana,* eine weitere frühe Art, bildet hellblaue Blütenrispen, die dicht über dem Boden stehen. Sie verbreitet sich nur langsam, ist aber sehr ausdauernd.
- *Scilla peruviana* macht sich als höhere Art gut im Beet. Sie wird tief in gut durchlässigen Boden gepflanzt und braucht volle Sonne. Sie bildet eine Rosette aus spitzen Blättern und einen breiten, gewölbten, dichten Blütenstand aus blauen Sternblüten.
- *Scilla siberica* blüht in der Frühjahrsmitte. Die Blüten sind von intensivem Blau. Sie gedeiht gut unter Gehölzen oder in Kästen.

Herbst-Goldbecher

Sternbergia lutea, auch Goldkrokus

Wenn im Herbst große, goldene Kelche sich aus dem Boden schieben, dann gehören Sie zum Herbst-Goldbecher, auch Goldkrokus genannt. Er blüht gleichzeitig mit der Herbst-Zeitlose *(Colchicum autumnale),* hat aber schmalere Blätter und gelbe Blüten.

Familie	Amaryllicaceae
Wuchshöhe	10–15 cm
Blütezeit	Herbst
Winterhärte	Zone 9
Standort	sonnig, gut drainiert

STANDORT

Herbst-Goldbecher gedeihen gut an einem sonnigen, geschützten Platz in Kästen oder Steingärten. Sie wachsen am besten in voller Sonne und sind auf Wärme und Trockenheit während der Sommerruhe angewiesen. Eine gute Drainage ist daher unabdingbar.

PFLANZBEDINGUNGEN

Die Zwiebeln sind ab Spätsommer im Handel und sollten umgehend gepflanzt werden. Wie *Colchicum* fangen sie an zu treiben, sobald sie im Boden sind.

TIPPS

Der Herbst-Goldbecher bildet Horste und blüht umso williger, je dichter die Horste werden. Neu gepflanzte Zwiebeln werden dagegen nicht immer sofort blühen.

DIE MENGE MACHT'S

Goldbecher gehören zur gleichen Familie wie die Narzissen, sehen aber eher aus wie Krokusse. Den Unterschied zeigt ein Blick in die Blüte: *Sternbergia* hat sechs Staubfäden, Krokus drei.

Chilekrokus

Tecophilaea cyanocrocus, auch Enziankrokus

Der Chilekrokus ist ein besonderer Frühjahrsblüher. Seine trompetenförmigen Blüten erscheinen an dünnen Stielen knapp über dem Boden. Sie sind intensiv blau mit weißer Mitte. *Tecophilaea cyanocrocus* 'Leichtlinii' hat blassblaue Blüten.

Familie Tecophilaeaceae

Wuchshöhe
10–15 cm

Blütezeit
Frühes Frühjahr

Winterhärte
Zone 10

Standort sonnig und frostgeschützt

STANDORT

Trotz seiner Herkunft aus den Anden ist der blaue Krokus nicht zuverlässig winterhart. In wenig frostgefährdeten Lagen gedeiht er jedoch in Kübeln oder am Fuß einer nach Süden orientierten Mauer. Im Sommer geht er in die Ruhephase und muss dann trocken stehen.

PFLANZBEDINGUNGEN

Nach der Pflanzung der Knollen im Herbst erscheinen im Winter die Blätter, im frühen Frühjahr folgen die Blüten. Gut drainierter Boden ist unabdingbar, um die Knollen vor übermäßiger Feuchtigkeit zu schützen.

TIPPS

In alpinen Pflanzensammlungen ist der Chilekrokus oft in Töpfen zu sehen, die in einem Kalthaus stehen, um die Knollen vor starkem Frost zu schützen.

ÜBER DEN BERG

Die starke Nachfrage nach der außergewöhnlichen Blume führte zu einer Übersammlung. Jahrelang galt der Chilekrokus als ausgestorben, bis 2001 in der Nähe von Santiago de Chile neue Populationen entdeckt wurden.

Herbstblüher verwildern

Von Verwildern spricht man, wenn Pflanzen sich selbst überlassen werden und sich auf natürlichem Weg zu ganzen Kolonien ausbreiten. Um die eigene Population zu vergrößern, nutzen Pflanzen ihre Samen, Tochterzwiebeln, Ableger oder Ausläufer.

Schlüssel zur Verwilderung ist die richtige Pflanzenauswahl. Während sich viele Frühjahrsblüher zum Verwildern eignen, ist die Auswahl unter den Herbstblühern begrenzt, vor allem Herbst-Krokusse, Herbst-Zeitlosen und Herbst-Alpenveilchen lassen sich gut vermehren. Ihre Blüten erscheinen oft schon wenige Wochen nach der Pflanzzeit im Spätsommer.

Unkompliziert ist *Crocus speciosus,* seine Blüten sind meist violett und mit zarten Streifen geädert oder weiß. In den Rasen gepflanzte Knollen blühen im frühen Herbst. Nach dem Setzen sollten Sie den Rasen bis zum Frühling nicht mehr mähen. Die Laubblätter des Krokus sprießen erst nach der Blüte und fallen im Rasen nicht auf, weil sie dünn und grasähnlich sind.

Herbst-Zeitlosen machen sich gut unter Bäumen, da das Blätterdach im Sommer vor Regen schützt. Die früh im Herbst erscheinenden Blüten der Herbst-Zeitlosen zeigen sich rosa, violett oder weiß. Die Knollen teilen sich von allein und mit der Zeit besiedeln mehr und mehr Pflanzen freie Stellen.

Das Herbst-Alpenveilchen *(Cyclamen hederifolium)* ist der winterhärteste Vertreter seiner Gattung, die Blüten erscheinen ab dem Spätsommer. Die runden Wurzelknollen werden in lichten Schatten oder ins Gras dicht unter die Erdoberfläche gesetzt. Die Blüten entspringen aus Augen auf der Knollenoberseite und erscheinen noch vor den Laubblättern. Das Herbst-Alpenveilchen kommt an vielen Standorten zurecht, unter Idealbedingungen zeigt es sich besonders wuchsfreudig, sät sich selbst aus und bedeckt die Erde den ganzen Winter über mit seinen dekorativ gezeichneten Blättern.

1. *Crocus speciosus* ist ein herbstblühender Krokus. Im Rasen breitet er sich langsam von selbst aus.
2. Herbst-Zeitlosen werden gerne während des Sommers von einem Baum trocken gehalten, bevor sie im Herbst zum Leben erwachen und ihre zarten Blüten entfaltet.
3. Das Herbst-Alpenveilchen ist ein attraktiver wintergrüner Herbstblüher. Wo es sich wohlfühlt, vermehrt es sich durch Aussaat und kolonisiert ganze Beete.

Tigerblume

Tigridia pavonia, auch Tigerlilie, Pfauenlilie

Die Tigerblume ist mit großen, weit geöffneten Sommerblüten und langen, schwertförmigen Blättern wohl die Exotischste unter den Zwiebelblumen. Die ungewöhnlich geformte Blüte in der Farbpalette von Gelb und Orange bis Rosa und Rot hält nur einen einzigen Tag, jedoch folgt eine Blüte auf die andere.

Familie Iridaceae

Wuchshöhe
30–50 cm

Blütezeit
Sommer

Winterhärte
Zone 10

Standort sonnig und frostgeschützt

STANDORT

Tigerblumen machen sich in milden Lagen gut im Trockenbeet mit kiesigem oder sandigem Boden. In kälteren Gegenden empfiehlt sich die Topfkultur, damit sie im Winter frostgeschützt stehen können.

PFLANZBEDINGUNGEN

Pflanzen Sie die Zwiebeln im Frühjahr an einen vollsonnigen Platz. Die Zwiebeln überstehen im Boden leichten Frost, bei Dauerfrost oder schwerem Boden ist es jedoch sicherer, sie im Herbst auszugraben und trocken einzulagern.

TIPPS

Die Tigerblume lässt sich leicht aus Samen ziehen (siehe Seite 104) und blüht oft schon im ersten Jahr. Dafür sollte sie aber frühzeitig in einem warmen Treibhaus oder Wintergarten ausgesät werden. Bei zu später Aussaat verzögert sich die Blüte um ein Jahr.

AZTEKENSPEISE
Die Zwiebeln der Tigerblume dienten den Azteken als Nahrungsmittel, *Cacomitl* genannt. Sie schmecken ähnlich wie Süßkartoffeln. Gekaufte Zwiebeln sollten Sie nicht essen, da sie eventuell mit Pestiziden behandelt wurden.

Waldlilien

Trillium sp., auch Dreiblatt, Dreizipfellilie

Waldlilien bilden Rhizome und blühen im Frühjahr. Mit den drei großen, rundlichen und oft gefleckten Blättern und der dreiblättrigen Blüte sind sie unverkennbar. Die Blüte sitzt entweder unmittelbar auf den Blättern oder auf einem kurzen Stiel.

Familie Melanthiaceae

Wuchshöhe
50 cm

Blütezeit
Frühling

Winterhärte
Zone 8

Standort
kühl und schattig

STANDORT

Die Waldpflanze benötigt tiefgründigen, humusreichen Boden unter Laubbäumen oder in einer teilweise beschatteten Ecke des Gartens.

PFLANZBEDINGUNGEN

Die Rhizome, die oft zusammen mit Blumenzwiebeln angeboten werden, sollten nicht austrocknen, man pflanzt sie also gleich nach dem Kauf in 8–10 cm Tiefe. Waldlilien können einige Jahre brauchen, bis sie sich etabliert haben. Auch dann breiten sie sich nur langsam aus.

TIPPS

Waldlilien tolerieren keinen schweren Boden und keine Staunässe, trocknen aber auch nicht gern aus. Verbessern Sie Ihre Bodenqualität mit Gartenkompost oder gut verrottetem Mist, damit der Boden Feuchtigkeit zurückhält, überschüssiges Wasser aber abfließt.

Trillium grandiflorum

DREIZÄHLIG
Die Silbe tri- in *Trillium* steht für dreifach und bezieht sich auf die dreizähligen Blüten- und Hochblätter.

Blaue Tritelei

Triteleia laxa, auch Frühlingsstern, Narrenzwiebel

Die Blaue Tritelei ist vor allem als Schnittblume bekannt, weniger als Gartenpflanze, da sie nicht zuverlässig winterhart ist. An der richtigen Stelle wirkt sie jedoch ausgesprochen attraktiv. Ihre leuchtend violett-blauen Blüten erscheinen im Frühsommer in losen Dolden.

Familie Asparagaceae

Wuchshöhe
30–50 cm

Blütezeit
Frühsommer

Winterhärte
Zone 10

Standort
sonnig, gut drainiert

STANDORT

Die Tritelei benötigt einen warmen, sonnigen, vor strengem Frost geschützten Standort. Ideal ist ein trockenes Kiesbeet oder ein Topf oder Kübel.

PFLANZBEDINGUNGEN

Die Wachstumsphase der Tritelei beginnt im Winter. Sie blüht im Frühsommer am Ende ihrer Wachstumsperiode, nachdem die Blätter bereits abgestorben sind. Setzen Sie die Knollen im Herbst in lockeren, durchlässigen, sandigen Boden.

TIPPS

Pflanzen Sie die Tritelei zwischen niedrige Ziergräser oder Stauden, die die absterbenden Blätter verstecken.

NAMENSVIELFALT

Die Blaue Tritelei ist auch als Frühlingsstern oder Narrenzwiebel bekannt. Vor allem Floristen verwenden häufig den alten botanischen Namen *Brodiaea* für die hübsche Schnittblume.

Tritonie

Tritonia disticha, syn. *Tritonia rosea*, *Crocosmia rosea*

Diese eleganten südafrikanischen Zwiebelblumen ähneln im Aussehen dem Klebschwertel *(Ixia)* und der Montbretie *(Crocosmia)*. Sie haben lange, schmale Blätter und bunte Blüten, die an einem langen, dünnen Stiel sitzen. *Tritonia disticha* gehört zu den wenigen Arten, die häufiger kultiviert werden.

Familie Iridaceae

Wuchshöhe
50–80 cm

Blütezeit
Sommer

Winterhärte
Zone 9

Standort
sonnig, gut drainiert

STANDORT

Tritonia braucht viel Sonnenlicht und durchlässigen Boden. Gute Standorte sind sonnenbeschienene Ecken eines Stadtgartens oder Innenhofes, beispielsweise im Kiesbeet oder im Kübel.

PFLANZBEDINGUNGEN

Die Zwiebeln treiben im Sommer und sollten nie vollständig austrocknen. Die Blätter überdauern teilweise den Winter. Die Pflanzen sind einigermaßen widerstandsfähig, leichte Fröste können ihnen nichts anhaben.

TIPPS

Schützen Sie die Zwiebeln in rauen Lagen mit einer dicken, trockenen Mulchabdeckung.

GROSSFAMILIE

Viele Gartenpflanzen gehören zur Familie der Schwertlilien. Neben *Tritonia* sind dies unter anderem *Iris, Crocosmia, Ixia, Dierama, Gladiolus, Moraea, Romulea* und *Watsonia.*

Blütenpracht im Winter

Von Schneeglöckchen (*Galanthus* sp.) und Winterling *(Eranthis hyemalis)* über das Vorfrühlings-Alpenveilchen *(Cyclamen coum)* bis zur Iris und den ersten Krokussen gibt es eine reiche Auswahl an Zwiebelblumen, die im Winter blühen. An eine Stelle gepflanzt, an der man sie vom Fenster aus sehen kann, erfreuen sie das Herz, ohne dass man einen Schritt in die Kälte tun muss.

Die Winterblüher eignen sich gut unter Gehölzen, wo sie beispielsweise die farbenprächtigen Zweige des Hartriegels (*Cornus* sp.) oder die zartrosa Blüten des Winterschneeballs wirkungsvoll ergänzen. Aber die meisten sind klein genug, um in einem Blumenkasten auf dem Fensterbrett Platz zu finden. Es gibt also keinen Grund, nicht wenigstens mit einer kleinen Auswahl einen Versuch zu starten. Winterblühende Zwiebeln werden im Herbst gesetzt, aber auch im Frühjahr kann man Schneeglöckchen und Winterlinge als Topfpflanzen erstehen und direkt in den Garten pflanzen. Das allseits beliebte Schneeglöckchen blüht mitten im Winter. Schon ein kleines Arrangement erzeugt Lichtblicke im winterlichen Garten.

Wichtig bei der Planung eines Winterbeets ist das Zusammenwirken der verschiedenen Arten. Winterlinge schaffen mit ihren gelben Blütchen, die nur knapp über dem Boden erscheinen, eine schöne Kulisse für höhere Winterblüher. Kombinieren Sie sie mit Schneeglöckchen oder Weihnachts-Narzissen *(Narcissus papyraceus)*, die ab dem frühen Winter blühen. *Cyclamen coum* breitet sich gerne aus und überzieht dann ganze Flächen mit rundlichen Laubblättern und rosafarbenen Blüten. Auch sie sind ein guter Begleiter für Schneeglöckchen.

Bei der Planung gilt es, sich über die Blühfolge im Lauf des Winters Gedanken zu machen. Bei kaltem Wetter können sich Blüten zwar mehrere Wochen halten, aber früher oder später sollten später blühende Pflanzen den Job übernehmen. Gegen Ende des Winters leiten *Iris reticulata* und *Crocus tommasinianus* die nächste Saison ein.

1. Verschiedene Winterblüher lassen sich schön kombinieren: zum Beispiel Schneeglöckchen (oben), Krokusse (unten) und *Iris reticulata* (rechts).
2. Schneeglöckchen behaupten sich in Eis und Schnee. Ihre Blüten können mehrere Wochen überdauern.
3. Klassisches Wintergespann: Schneeglöckchen und Winterlinge.
4. Winterlinge blühen bis in den späten Winter, wenn sie mit den ersten Blüten von *Crocus tommasinianus* eine neue Kombination eingehen.
5. Eine große mit *Cyclamen coum* bewachsene Fläche ist im Winter ein atemberaubender Anblick und kann mit jedem Sommergarten mithalten.

Flammende Kapuzinerkresse

Tropaeolum speciosum

Diese scharlachrote Kletterpflanze windet sich mit langen, dünnen Stängeln empor. Im Sommer punktet sie mit einer Fülle von leuchtenden, gespornten Blüten.

Familie Tropaeolaceae

Wuchshöhe
3 m mit Stütze

Blütezeit
Sommer

Winterhärte
Zone 8

Standort
kühl und halbschattig

STANDORT

Die Flammende Kapuzinerkresse braucht kühlen Halbschatten und eine feuchte Atmosphäre, dann rankt sie sich an Hecken und Sträuchern in die Höhe.

PFLANZBEDINGUNGEN

Pflanzen Sie die weißen Rhizome in sandigen, humosen Boden und gießen Sie im Sommer reichlich. Besonders malerisch sieht es aus, wenn die Kletterpflanzen in benachbarte Gehölze hineinwachsen.

TIPPS

Tropaeolum speciosum kann im Garten schwer zu etablieren sein. Pflanzen Sie die Rhizome in einen schmalen Graben von etwa 15 cm Tiefe und bedecken Sie sie nur teilweise. Wenn die Stängel heranwachsen, füllen Sie den Graben allmählich bis zum Bodenniveau auf.

COTTAGEGARTEN
In den oft kühlen, feuchten Sommern in Großbritannien fühlt sich diese Kapuzinerkresse so wohl, dass sie den Ruf eines Unkraut trägt: „Perth Weed", benannt nach der schottischen Stadt.

Tropaeolum speciosum

BESONDERE ARTEN

Die bekanntere Große Kapuzinerkresse *(Tropaeolum majus)* ist einjährig, aber es gibt andere mehrjährige Arten:

- *Tropaeolum azureum* ist eine blaue Art. Sie wächst und blüht im Winter, muss aber vor Frösten unter –5 °C geschützt werden. Sie gedeiht gut im Topf und klettert bis zu 1 m in die Höhe.
- *Tropaeolum polyphyllum* ist eine unkomplizierte, kriechende Pflanze mit graublauen Blättern. Die gelben Blüten erscheinen im Frühjahr. Pflanzen Sie die Rhizome etwa 30 cm tief, um sie vor gefrierendem Boden zu schützen. Sie wirken am besten im Steingarten oder im Hochbeet, wo ihre Stängel herabhängen können.
- *Tropaeolum tricolor* ist dreifarbig: purpurfarben, rot und gelb. Sie blüht vom späten Winter bis zum späten Frühjahr. Vor Frost schützen!
- *Tropaeolum tuberosum,* die Knollige Kapuzinerkresse, ist ein kräftiger Sommerblüher. Die Knollen können über 5 cm dick werden. Wenn sie über ein Spalier oder einen Zaun klettern darf, wird sie bis zu 3 m lang. Die Blüten sind orange mit gelber Spitze. Die Stängel sind nicht winterhart, aber die Knollen können bis –5 °C überleben.

Tropaeolum tricolor

Zimmerknoblauch

Tulbaghia sp., auch Knobikraut, Kaplilie

Die kleinen, trompetenartigen Blüten stehen in lockerer Dolde hoch oben über den kompakten Horsten aus langen, linearen Blättern. Die am weitesten verbreitete Art ist *Tulbaghia violacea,* von der es mehrere Sorten gibt, darunter die silbergrau-weiße 'Silver Lace'.

Familie Amaryllidaceae

Wuchshöhe
30–50 cm

Blütezeit
Sommer

Winterhärte
Zone 9

Standort sonnig und frostgeschützt

STANDORT

Der Zimmerknoblauch ist extrem trockenheitstolerant und blüht lange. Er braucht dafür viel Licht, etwa im Kies- oder Hochbeet, oder eine geschützte, sonnige Gartenecke. Auch im Topf macht er sich gut.

PFLANZBEDINGUNGEN

Einige Blätter bleiben ganzjährig erhalten und im Frühjahr können die Horste zur Vermehrung geteilt werden. Zimmerknoblauch ist nicht zuverlässig winterhart und benötigt daher Schutz vor strengem Frost.

TIPPS

Schneiden Sie die verblühten Blütenstände ab, dann bildet der Zimmerknoblauch den ganzen Sommer über neue Blüten.

Tulbaghia violacea

MÜCKENABWEHR

Die Blätter riechen beim Zerreiben nach Knoblauch. Auf die Haut gerieben, wehrt der Zimmerknoblauch Mücken ab. Auch Maulwürfe und Wühlmäuse lassen sich davon vertreiben.

Tulpen

Tulipa sp.

An Farben- und Formenreichtum ist die Gattung der Tulpen nicht zu überbieten. Ob einfarbig in Reih und Glied oder bunt verteilt im Beet, die leuchtenden Blüten bringen Leben und Eleganz in die Frühjahrsbepflanzung (siehe Seite 128).

Familie Liliaceae

Wuchshöhe
20–80 cm

Blütezeit
Frühling

Winterhärte
Zone 7

Standort
sonnig, gut drainiert

STANDORT

Tulpen fühlen sich an den meisten Standorten wohl, einzige Voraussetzung ist viel Sonnenschein. Sie schmücken sowohl Blumenbeete als auch den Steingarten und passen in den Bauerngarten ebenso wie in den eleganten Stadtgarten. Einen fantastischen Anblick bieten sie in Töpfen auf der Terrasse oder dem Fensterbrett (siehe Seite 58).

PFLANZBEDINGUNGEN

Es empfiehlt sich, Tulpen nur für eine Saison zu pflanzen und sie im folgenden Herbst durch neue Zwiebeln zu ersetzen, denn die hochgezüchteten Hybriden verlieren in der Regel ihre Blühkraft nach dem ersten Jahr. In sandigem, durchlässigem Boden können sich manche allerdings auch als langlebig erweisen.

TIPPS

Wenn Sie sicher sein wollen, dass Ihre Tulpen mehr als ein Jahr Bestand haben, dann probieren Sie es mit Wildtulpen. Auch sie brauchen einen sonnigen Platz mit durchlässiger Erde, werden aber Jahr für Jahr wiederkommen.

Tulipa sylvestris

ERNEUERBARE ENERGIE

Tulpen bilden jedes Jahr eine neue Zwiebel (siehe Seite 10). Während des Wachstums zehrt die Pflanze die gesamte in der Zwiebel gespeicherte Energie auf und bildet nach der Blüte eine neue.

TULPENKLASSEN

Tulpen werden nach ihrer Blütenform in verschiedene Kategorien eingeteilt.

- Drei Tulpenklassen sind nach den Arten benannt, denen sie am ähnlichsten sind: Kaufmanniana, Greigii und Fosteriana. Alle Tulpen der Greigii-Gruppe zum Beispiel haben ähnliche Merkmale wie *Tulipa greigii* mit ihren weit geöffneten, trichterförmigen Blüten. Die Blätter sind oft gefleckt oder gestreift.
- Es gibt einfache und gefüllte Tulpen, aufgeteilt in Früh- und Spätblüher. Die Klasse der Einfachen Späten Tulpen umfasst klassische, große Sorten mit eiförmigen Blütenköpfen wie *Tulipa* 'Queen of Night'.
- Die Lilienblütigen Tulpen besitzen elegante, spitz zulaufende Blütenblätter, beispielsweise *Tulipa* 'Ballerina' und 'Red Shine'.
- Zur Darwin-Hybrid-Gruppe zählen Tulpen mit großen Blüten. Sie lassen sich im Garten dauerhaft etablieren.
- Wildtulpen sind weniger extravagant, haben aber ihren eigenen Charme und können sich für viele Jahre im Garten etablieren. Zu den besten Arten zählen *Tulipa sylvestris, T. clusiana, T. praestans* und die scharlachrote, frühsommerliche *T. sprengeri.*

Tulipa greigii

Drei Monate Tulpenpracht

Die spektakulären Blütenkelche der Tulpen in ihren vielen Farben und Formen gehören zu den Highlights jedes Frühlings. Mit der richtigen Sortenwahl können Sie die Blütenpracht gut drei Monate lang genießen. Geschickt kombiniert, blüht im Beet eine Tulpensorte auf die andere. Oder Sie pflanzen die Sorten in verschiedene Töpfe und rücken sie ins Blickfeld, sobald die Show beginnt.

Zu den frühesten Sorten gehören die Kaufmanniana-Tulpen, auch als Kaufmanns- oder Seerosen-Tulpen bezeichnet. Ihre sternförmigen Blüten sind teils einfarbig wie bei der leuchtend roten *Tulipa* 'Showwinner' oder der orange-roten *Tulipa* 'Love Song'. Andere sind gelb oder weiß und tragen rote Flecken im Inneren und außen auf den Hüllblättern wie etwa die Sorte 'Ancilla'. Zeitlich folgt ihnen die Klasse der Einfachen Frühen Tulpen, die bis etwa 35 cm hoch werden. Dazu gehören 'Apricot Beauty' und die rosa-violette 'Candy Prince'.

Die meisten Tulpen blühen im Frühjahr und stellen uns damit vor die Qual der Wahl. Die größte Tulpengruppe bilden die Triumph-Tulpen. Sie ähneln den Einfachen Frühen Tulpen, sind aber größer und blühen etwas später. Noch größer sind Darwin-Hybrid-Tulpen mit 55 cm Höhe. Ihre riesigen Blütenkelche öffnen sich weit zur Sonne hin. *Tulipa* 'Ivory Floradale' trägt seidig weiße Blüten und *Tulipa* 'Daydream' wartet mit anfänglich gelben Blüten auf, die später zu einem warmen Orange wechseln.

Auch die Lilienblütigen Tulpen blühen zur Saisonmitte. Sie präsentieren sich mit eleganten, schlanken, spitz zulaufenden Blüten. Stets gefragte Sorten sind 'Ballerina', 'White Triumphator' und 'China Pink', aber es stehen viele weitere zur Auswahl.

Im späten Frühjahr folgen die Einfachen Späten Tulpen. Ihre Blütenknospen sind zunächst eiförmig und öffnen sich dann zu breiten Schalen. Diese Sorten werden bis zu 70 cm hoch und sind in formalen Gartengestaltungen häufiger Gast. Aus der riesigen Farbauswahl ist die purpurschwarze *Tulipa* 'Queen of Night' eine der unbestrittenen Favoritinnen.

1. *Tulipa* 'Love Song' gehört zur Kaufmanniana-Gruppe und blüht sehr früh. Eine großartige Wahl für den Saisonauftakt.
2. Im mittleren Frühjahr sind die großblütigen Darwin-Hybrid-Tulpen zu finden, etwa die von gelb zu orange wechselnde 'Daydream'.
3. Lilienblütige Tulpen wie 'Ballerina' haben einen eleganten Kelch mit spitz zulaufenden Blütenblättern und blühen ebenfalls in der Frühlingsmitte. An warmen, sandigen Standorten fühlen sie sich viele Jahre wohl.
4. Die Einfachen Späten Tulpen wie die 'Queen of Night' gehören zu den letzten Tulpen. Sie kommen im nächsten Jahr vermutlich nicht wieder.
5. Wer die Sorten geschickt kombiniert, kann sich vom frühen bis zum späten Frühjahr an überwältigender Farbenpracht erfreuen. Das Foto zeigt gefüllte Tulpen im Vollfrühling.

Watsonien

Watsonia sp.

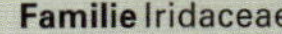

Familie Iridaceae

Wuchshöhe
60–125 cm

Blütezeit
Frühjahr bzw. Herbst

Winterhärte
Zone 10

Standort sonnig und frostgeschützt

Die aus Südafrika stammenden Watsonien schmücken sich mit hohen Ähren aus trichterförmigen Blüten in Rot, Pink, Orange, Gelb und Weiß, die über den schwertförmigen Blättern im Wind schwingen. Die im Sommer austreibenden Arten wie *Watsonia pillansii* blühen im Herbst, die im Winter austreibenden wie *Watsonia borbonica* im Frühjahr.

STANDORT

Leider sind Watsonien kaum winterhart. In milden Lagen oder an einem geschützten Standort lohnt sich dennoch ein Versuch. Trotzdem sollten sie in einem Gewächshaus oder Wintergarten frostfrei überwintert werden.

PFLANZBEDINGUNGEN

Die Knolle wird im Frühjahr oder Herbst gesetzt. Häufig sind sie aber auch ganzjährig als Topfpflanzen im Handel. Stellen Sie die Töpfe über den Sommer in die Sonne nach draußen.

TIPPS

Im Freien pflanzen Sie die Knollen am besten in den Schutz einer Südwand.

Watsonia borbonica

INSELLEBEN

Tresco-Hybriden von *Watsonia* stammen von der Insel Tresco vor der Südwestküste Englands, wo die Winter für ihren Anbau im Freien mild genug sind.

Zantedeschia

Zantedeschia aethiopica, auch Zimmerkalla, Kallalilie

Dieses Aronstabgewächs beeindruckt mit großen, glänzend-weißen Hochblättern an kräftigen Stängeln, die für die Vase geschnitten werden können. Aber auch die großen, pfeilförmigen Blätter machen *Zantedeschia aethiopica* zur imposanten Gartenpflanze. Beliebt ist die Sorte 'Crowborough'.

Familie Araceae

Wuchshöhe
60–100 cm

Blütezeit
Sommer

Winterhärte
Zone 9

Standort
sonnig, aber feucht

STANDORT

Pflanzung in tiefem, feuchtem Boden und voller Sonne, im Zierbeet oder am Rande eines Teichs. Im südlichen Afrika gedeiht Zantedeschia auf sumpfigem Boden und in feuchten Gräben.

PFLANZBEDINGUNGEN

Die oberirdischen Teile sterben im Winter ab. Wenn Sie die Rhizome so tief in die Erde pflanzen, dass der Frost nicht bis zu ihnen durchdringt, sollte die Pflanze Winterfröste aber überstehen. In frostfreien Lagen oder mit einem Winterschutz sind die Blätter immergrün.

TIPPS

Nach einer Frostnacht können die Blätter wie gekochter Spinat aussehen, aber keine Panik: Die Pflanzen überleben trotzdem und bilden im wärmeren Frühjahr neue Blätter.

ERSTANKÖMMLING

Zantedeschia gehörte zu den ersten Pflanzen, die aus der Kapregion Südafrikas nach Europa eingeführt wurden. Verbrieft ist, dass sie bereits 1644 im Jardin des Plantes in Paris kultiviert wurde.

Zephirblume

Zephyranthes candida, auch Zephirlilie, Regenlilie

Die südamerikanische Zephirblume tritt im Sommer in eine kurze Ruhephase ein, bis sie von spätsommerlichen Regenfällen zum Leben erweckt wird. Dann entfaltet sie ihre weißen, kelchförmigen Blüten an bis zu 20 cm langen Stielen.

Familie Amaryllidaceae

Wuchshöhe
20–30 cm

Blütezeit
Herbst

Winterhärte
Zone 9

Standort
sonnig, gut drainiert

STANDORT

Die Zephirblume ist an warme, trockene Sommer gewöhnt, es kommt also ein Sonnenplatz mit durchlässiger Erde am Fuß einer Mauer oder im Kiesgarten in Betracht. Im Topf oder Kübel bevorzugt sie dieselben Bedingungen.

PFLANZBEDINGUNGEN

Mit Ausnahme der Sommerruhezeit benötigen Zephirblumen durchgängig viel Feuchtigkeit. Nach dem Einpflanzen und gründlichen Angießen im Spätsommer werden sie schnell austreiben, auch wenn im ersten Jahr die Blüte vielleicht noch ausbleibt.

TIPPS

Nach dem Austrieb die Zwiebeln in Ruhe lassen.
Im Topf blühen sie besser auf engem Raum.

REGENMACHER

Die etwa 30 *Zephyranthes*-Arten öffnen ihre Blüten nach Regenfällen, daher der Name Regenlilie. Ihre Blütezeit liegt, je nach Witterungsbedingungen ihres Herkunftsgebiets, im Frühjahr, Sommer oder Herbst.

In freier Natur

Haben Sie die Zwiebelblumen, die Ihren Gärten verschönern, schon einmal wild wachsen sehen? Haben Sie gesehen, wie sie ihre Blütenstängel durch das Gras einer Wiese schieben, verstreut im Wald auftauchen oder aus einer Felsspalte hervorblicken? Mit welchen Pflanzen teilen sie sich ihr Habitat? Es ist eine spannende Erfahrung, sie in der freien Natur anzutreffen und in ihrem Lebensraum zu kennen. Dann verstehen wir ihre Wachstumsbedingungen auch besser.

Herbstblühende *Crocus speciosus* in einer Bergwiese in Georgien.

Zwiebelblumen kommen häufig aus Regionen mit saisonbedingten Trockenperioden. Die wichtigsten Herkunftsgebiete sind Kalifornien, Südafrika, Chile und der Mittelmeerraum. Im Frühjahr oder Herbst bietet sich einem dort überall das Bild blühender, wildwachsender Zwiebelblumen.

In Europa begegnen sie uns in Südspanien, Griechenland, der Türkei oder auf den Mittelmeerinseln. Wenn Sie bisher gewohnt waren, mitten im Sommer Urlaub zu machen, wird Sie auf einer Osterreise das Grün und die Frische eines mediterranen Frühlings angenehm überraschen. Nach Zwiebelblumen werden Sie dann nicht lange Ausschau halten müssen. Felsige Küsten und Berghänge, Olivenhainränder und sogar Straßengräben sind ergiebige Fundorte. Besonders zahlreich treten sie zum Beispiel im Hochland Andalusiens und an der Westküste der Türkei auf, auch der Peloponnes in Griechenland und die Insel Kreta sind Hotspots für die Blumenzwiebeljagd.

Im Mittelmeerraum werden Ihnen am wahrscheinlichsten Traubenhyazinthen (*Muscari* sp.), Stern von Bethlehem (*Ornithogalum* sp.) und Anemonen begegnen, in höher gelegenen Graslandschaften auch Krokusse. Fast 90 Prozent des wilden Narzissenbestands ist in Spanien und Portugal beheimatet. Im östlichen Europa, in Griechenland und der Türkei trifft man höchstwahrscheinlich Fritillarien und vielleicht sogar Tulpen an.

Weitverbreitet sind Tulpen im östlichen Mittelmeerraum, zum Beispiel in der Türkei. In den Bergen Zentralasiens erreichen sie ihre größte Vielfalt. Georgien, Armenien und Aserbaidschan sind bekannt für ihre Vielfalt an Zwiebelblumen wie Tulpen, Zyklamen, Iris, Schneeglöckchen und Krokussen.

In der südlichen Hemisphäre bilden vor allem Chile und Südafrika die Heimat vieler Zwiebelblumen. Die kleine Stadt Nieuwoudtville in Südafrika ist berühmt als Blumenzwiebelhauptstadt der Welt, aber in der gesamten im Sommer trockenen Region von Kapstadt bis in die Halbwüste im Süden von Springbok in der Provinz Nordkap begegnen sie einem. Hier gehören Gladiolen,

Cyclamen hederifolium sprießen aus einer Steinmauer in Italien.

Klebschwertel, Schwertliliengewächse wie *Moraea* und *Watsonia* zu den Zwiebel- und Knollenpflanzen, nach denen man Ausschau halten sollte. Weiter östlich am Ostkap, in Lesotho und den Drakensbergen, wo die Sommer feucht sind, sind dagegen Sommerblüher wie Schmucklilie (*Agapanthus* sp.) und Sommerhyazinthen *(Ornithogalum candicans)* zu Hause.

Auch Laubwälder können einen saisonal trockenen Lebensraum darstellen, da die Bäume in vollem Laubkleid viel Wasser für sich beanspruchen. Hier finden Zwiebelpflanzen von Spätherbst bis Frühjahr Licht und Feuchtigkeit, wenn die Bäume noch kahl sind. Die Wälder im Osten Nordamerikas, insbesondere in den Appalachen, sind die Heimat schöner Frühblüher wie Waldlilien (*Trillium* sp.) und Hunds-Zahnlilien (*Erythronium* sp.). In Deutschland sind beispielsweise das Busch-Windröschen *(Anemone nemorosa)* und die Türkenbund-Lilie *(Lilium martagon)* heimisch. Auch Schneeglöckchen, Märzenbecher und Herbst-Zeitlose fühlen sich inzwischen in freier Natur wohl, allerdings sind sie zu uns eingewandert.

Wildpflanzenschutz

Blumenzwiebeln sind wie ein vor Trockenheit geschütztes Nährstoffpaket. Trocken und nicht zu warm gelagert, können sie in großer Stückzahl um die Welt verschickt werden. Die meisten Blumenzwiebeln für den Handel werden auf speziellen Anbauflächen oder in Gärtnereien gezüchtet, wodurch der Wildpflanzenbestand nicht in Gefahr gerät. Von Arten, die sich nicht so leicht in großen Mengen anbauen oder nur langsam vermehren lassen, werden jedoch weiterhin Wildzwiebeln gesammelt.

Dort, wo die Wildpopulation gefährdet sein könnte, ist der Handel reguliert. Quoten für den Handel bestimmter Arten legt das „Übereinkommen über den internationalen Handel mit gefährdeten Arten freilebender Tiere und Pflanzen" (CITES) fest. Schneeglöckchen und Alpenveilchen sind zum Beispiel so beliebt und die Nachfrage ist so hoch, dass sie in der freien Natur bedroht sind.

Ein Beispiel zum Schutz von Wildblumen ist ein Kooperationsprojekt zwischen dem Royal Botanic Gardens in Kew, CITES und den Behörden in Georgien, das die nachhaltige Ernte einer bestimmten Schneeglöckchenart, *Galanthus woronowii*, gewährleisten soll. Für dieses Projekt wurde die natürliche Population bestimmt und eine Ausfuhrquote für den Handel festgelegt. Anbauprogramme werden überwacht.

Wer an einem bewaldeten Hang inmitten von Tausenden von Schneeglöckchen steht, kann sich vielleicht nicht vorstellen, dass das Ausgraben weniger Exemplare negative Auswirkungen haben könnte. Bedenkt man aber, dass Jahr für Jahr 15 Millionen Blumenzwiebeln auf legalem Weg Georgien verlassen, wird deutlich, dass ein unregulierter Handel bald die Wildpopulation in Bedrängnis bringen würde.

Galanthus woronowii in Georgien, angebaut für den Export.

Der blau blühende Chilekrokus *(Tecophilaea cyanocrocus)* wurde nach seiner Entdeckung im 19. Jahrhundert so übermäßig gesammelt, dass er viele Jahre in der Natur als ausgestorben galt. Die leuchtend scharlachrote *Tulipa sprengeri* gilt als ausgestorben und überlebt als Kulturpflanze nur dank ihrer Fähigkeit, große Mengen an vermehrungsfähigem Saatgut zu produzieren.

Daher ist es so wichtig, die wilden Arten zu erhalten und sich klarzumachen, dass Wildsammlung sehr wohl negative Auswirkungen auf den Fortbestand einer Pflanze haben kann, selbst wenn man nur einige wenige Exemplare ausgräbt.

Krankheiten und Schädlinge

Die meisten der gängigen Zwiebelblumen sind am geeigneten Standort relativ widerstandsfähig. Die richtige Pflege und ein passender Standort sind also der Schlüssel zum Erfolg. Wenn Pflanzen schwächeln, nicht blühen oder nach dem ersten Jahr nicht wiederkommen, dann sind wahrscheinlich schlechte Wachstumsbedingungen die Ursache.

Natürlich gibt es Schädlinge, die auch gesunde Pflanzen befallen und ihr sogar den Garaus machen können. Am häufigsten sind das Insekten, die es auf den Saft von Blättern und Stängeln abgesehen haben. Sie schwächen die Pflanze und machen sie anfällig für Pilzkrankheiten. Zudem können saugende Insekten Viruskrankheiten verbreiten. Andere Insekten fressen die Blätter und können so viel Schaden anrichten, dass die Zwiebel oder Knolle nicht genug Nährstoffe einlagern kann. Für die Zwiebel selbst sind Pilzerkrankungen das häufigste Problem, aber auch Insekten können sie zerfressen.

ZWIEBELN VERSCHWINDEN

Der häufigste Grund für das Verschwinden von Blumenzwiebeln sind ungeeignete Bodenverhältnisse. Viele Zwiebeln mögen es während ihrer Ruhezeit im Sommer relativ trocken – bleibt der Boden aber ganzjährig feucht, verrotten sie. Andere wie die Schachblume *(Fritillaria meleagris)* benötigen auch im Sommer etwas Feuchtigkeit.

Für Zwiebeln im Rasen kann Bodenverdichtung ein Problem darstellen. Wird das Gras stark begangen, entwässert der Boden nicht mehr so gut und neigt zu Staunässe. Es lohnt sich daher, den Rasen im Herbst mit einer Grabegabel zu belüften und ca. 5 mm sandigen Mutterboden einzuarbeiten, um die Drainage zu verbessern.

BLÜHFÄHIGKEIT LÄSST NACH

Haben sich nach einer Weile dichtgepackte Horste gebildet, mangelt es der einzelnen Zwiebel an Nährstoffen. Sie produziert dann zwar noch Laubblätter, aber keine Blüten mehr. Heben Sie den gesamten Ballen aus, trennen Sie die Zwiebeln voneinander und geben Sie ihnen mehr Raum für Wachstum und Nährstoffaufnahme. Schneeglöckchen (*Galanthus* sp.) zum Beispiel sollten regelmäßig alle paar Jahre geteilt werden.

Zwiebeln im Topf können ebenfalls unter Nährstoffmangel leiden, daher beim Bepflanzen eines neuen Gefäßes immer frische Erde verwenden (siehe Seite 20). Während der Wachstumsphase die Zwiebeln mit stickstoffarmem Flüssigdünger versorgen.

Bei Topfpflanzen, die im Gewächshaus oder Wintergarten stehen, können sich Schädlinge ausbreiten. Wollläuse beispielsweise tun sich manchmal an den gespeicherten Nährstoffen der Zwiebel gütlich. Sie sehen aus wie Miniaturasseln, sind aber mit weißem, mehligem Wachsüberzug umhüllt. Betupfen Sie Wollläuse mit Brennspiritus, das bricht die wächserne Schicht auf und tötet sie ab.

PFLANZEN VERKÜMMERN

Wenn Blütenstiele oder Laubblätter Verwachsungen zeigen, können Blattläuse die Urheber sein. Sie vermehren sich mit ungeheuerlicher Geschwindigkeit und besiedeln Jungtriebe und zarte Blätter in dichten Kolonien. Oft breiten sie sich auf den Blattunterseiten aus. Befallene Blütenknospen fallen ab. Blattläuse scheiden eine klebrige Substanz

Der leuchtend rote Lilienkäfer ist hübsch anzusehen, seine Larven richten aber enormen Schaden an.

aus, dieser Honigtau wiederum ruft Ameisen auf den Plan. Sie beginnen, die Blattläuse zu „melken" und tragen sie zu neuen Weideflächen oder auf benachbarte Pflanzen. Der klebrige Honigtau kann auf den Blättern Pilzerkrankungen verursachen.

Blattläuse können mit Insektiziden bekämpft werden, aber mithilfe der Ameisen sind sie bald wieder zurück, sodass nur eine regelmäßige Behandlung Abhilfe schafft. Als Hausmittel kann man Seifenwasser sprühen, das ihre Atemwege verstopft, allerdings bei zu häufiger Anwendung oder in zu starker Konzentration auch die Pflanze schädigen kann. In einem frühen Stadium des Befalls, wenn sich noch keine große Kolonie gebildet hat, kann man die Blattläuse einfach absammeln.

STREIFEN UND FLECKEN

Hellgrüne und gelbe Flecken auf den Blättern oder Adern auf den Blütenblättern sind Zeichen einer Viruserkrankung. Die Pflanze vermag damit viele Jahre zu leben, bietet aber mit ihren Flecken und Deformierungen nur selten einen attraktiven Anblick. Eine Ausnahme bilden die „Gebrochenen Tulpen": Hier sorgt eine Virusinfektion für die hübschen Streifen auf den Blüten.

Infektionen mit Rostpilzen fallen durch farbige Flecken und pustelartige Sporenlager auf den Blättern auf. Gesunde Pflanzen gehen davon nicht ein, infizierte Blätter sollten Sie aber über den Hausmüll entsorgen. Bei schwerem Befall behandeln Sie die Pflanze mit einem Fungizid.

PFLANZENSPEZIFISCHE SCHÄDEN

Die Narzissenschwebfliege ist eine große Gefahr für Narzissen und ihre Verwandten, etwa Schneeglöckchen und Nerinen. Die Larven zerfressen die Zwiebel von innen heraus. Festigen Sie nach der Blüte den Boden um die Zwiebel herum, um der Fliege die Eiablage zu erschweren.

Der Lilienkäfer, auch Lilienhähnchen genannt, befällt Lilien und andere Liliengewächse, wie beispielsweise Fritillarien. Die leuchtend roten Käfer sind im Sommer unschwer erkennbar. Bei Störungen lassen sie sich zu Boden auf den Rücken fallen, wo sie durch ihre dunkle Unterseite nur schwer auffindbar sind. Ihre Larven zerfressen die Blätter. Sammeln Sie Käfer und Larven direkt von den Blättern.

Tulpenfeuer ist eine Pilzerkrankung, die einen ganzen Bestand vernichten kann. Der Erreger gedeiht bei feuchter Witterung und zeigt sich zuerst an fauligen Flecken auf Blüte und Blättern, die sich rasant ausbreiten und starken Belag und Verkrüppelungen nach sich ziehen; letztlich geht die Zwiebel daran zugrunde. Ein heller, sonniger und gut belüfteter Platz verringert die Wahrscheinlichkeit der Ausbreitung. Bei Befall mit Tulpenfeuer alle Tulpen aus der näheren Umgebung entsorgen und für mindestens drei Jahre etwas anderes anpflanzen.

Fahrplan durch das Gartenjahr

HERBST

Vorbereitungen

- Für viele Zwiebelblumen beginnt das Gartenjahr im Herbst, überlegen Sie also jetzt, welche Zwiebeln Sie wo setzen möchten. Kaufen Sie, falls noch nicht geschehen, die Zwiebeln frühzeitig, denn beliebte Sorten sind schnell vergriffen.
- Um in den Beeten Platz für die Zwiebelpflanzen zu schaffen, schneiden Sie Stauden zurück.
- Lockern Sie den Boden und arbeiten Sie, wenn nötig, Komposterde ein, um den Boden durchlässiger zu machen und mit Nährstoffen zu versorgen (siehe Seite 18).
- Entfernen Sie abgeblühte Sommerblumen aus Töpfen und reinigen Sie die Töpfe, bevor Sie sie mit neuer Erde befüllen.

Pflanzen

- Pflanzen Sie nun Ihre Winter- und Frühjahrsblüher in die Erde bzw. Blumentöpfe. Der richtige Zeitpunkt für die meisten Zwiebeln ist der frühe Herbst (siehe Seite 86), mit einigen, wie zum Beispiel Tulpen, kann man sich noch Zeit lassen. Lilien werden oft im Frühjahr angeboten, aber wenn Sie jetzt welche bekommen, kommen sie ebenfalls in die Erde.
- Denken Sie daran, dass die meisten Zwiebeln ein tiefes Pflanzloch benötigen. Verwenden Sie zum Graben eine gute, stabile Kelle.
- Sammeln Sie Saatgut von sommerblühenden Zwiebelpflanzen, wenn Sie sie vermehren wollen, und lagern Sie es kühl und trocken, bis es ausgesät werden kann (siehe Seite 104).

Pflegemaßnahmen

- Schneiden Sie die trockenen Stängel der Sommerzwiebeln zurück.
- Entfernen Sie Unkraut und abgefallene Blätter von den Pflanzplätzen der herbstblühenden Zwiebelblumen, um ihnen den bestmöglichen Auftritt zu verschaffen.
- Mulchen Sie Ihre Beete im Spätherbst mit Garten- oder Laubkompost oder gut verrottetem Mist. Auf diese Weise versorgen Sie die Zwiebeln mit Nährstoffen, das Unkraut wird zurückgehalten und die Feuchtigkeit im Boden bewahrt. Verwenden Sie im Trocken- oder Steingarten Kies.
- Stellen Sie Töpfe mit nicht sicher winterharten Arten an einen frostgeschützten Ort.

WINTER

Vorbereitungen

- Die Gartenarbeit hält sich zu dieser Jahreszeit in Grenzen. Trotzdem lohnt es sich, gelegentlich nachzusehen, ob frühe Arten wie Schneeglöckchen (*Galanthus* sp.) oder Winterling *(Eranthis hyemalis)* genug Freiraum haben.
- Sind Temperaturen unter –5 °C angesagt, schützen Sie die weniger winterharten Pflanzen wie die Schmucklilie *(Agapanthus)*, indem Sie ihre Kronen mit Blättern oder Gartenvlies abdecken, bis es wieder wärmer wird.

Pflanzen

- Der Winter ist die Zeit für die Aussaat von winterharten Zwiebelpflanzen, unabhängig von der Zeit der Blüte (siehe Seite 104). Saatgut benötigt oft einen Kältereiz, um zu keimen, setzen Sie die Samen also der

Ob im Beet oder im Kübel: Der frühe Herbst ist Pflanzzeit für Winter- und Frühjahrsblüher.

Achten Sie darauf, dass Winterblüher wie der Winterling nicht unter Laub begraben sind.

Kälte im Freien aus. Sobald die Keimlinge sprießen, sollten sie jedoch vor extremer Kälte geschützt werden.

- Setzen Sie, wenn der Boden nicht gefroren ist, gegen Ende des Winters winterharte Sommerblüher wie Lilien und Montbretien (*Crocosmia* sp.).
- Nach der Blüte können Schneeglöckchen (*Galanthus* sp.) ausgegraben werden. Vereinzeln und verteilen Sie zu dicht stehende Zwiebeln, dann blühen sie im Folgejahr reicher.
- Kaufen Sie Schneeglöckchen grün belaubt und bringen Sie sie sofort in die Erde (siehe Seite 120).

Pflegemaßnahmen

- Zwiebelblumen, die nun voll im Wachstum stehen, sollten nicht austrocknen. Überprüfen Sie also im Gewächshaus oder Wintergarten, auf der Fensterbank oder im Freien regelmäßig vor allem die Töpfe, ob sie eine Wassergabe brauchen könnten.
- Entfernen Sie Laub vom Boden, damit die Winterblüher ihre Blüten frei entfalten können.
- Wenn Sie sommerblühende Arten dauerhaft in Töpfen kultivieren, ist jetzt ein guter Zeitpunkt zum Umtopfen (siehe Seite 20). Schütten Sie den Topfinhalt heraus und reinigen Sie den Topf gründlich, damit sich Krankheiten nicht ausbreiten können. Verwenden Sie beim Einpflanzen frische Erde.

FRÜHLING

Vorbereitungen

- Wenn die Temperaturen wärmer und die Tage länger werden, erwacht der Garten zum Leben. In dichter Folge präsentieren Krokusse, Narzissen, Tulpen und Zierlauch ihre Blüten. Nutzen Sie sonnige Tage und genießen Sie das Schauspiel. Notieren Sie, was Sie ändern möchten, aber auch das, was perfekt ist.
- Nach der Blüte ist es wichtig, die Blätter wachsen zu lassen, denn die Zwiebeln müssen nun Kraft sammeln, um im nächsten Jahr austreiben zu können.

Pflanzen

- Säen Sie Samen von weniger winterharten Zwiebelblumen aus (siehe Seite 104) und schützen Sie sie vor Spätfrösten. Besitzen Sie ein Frühbeet oder ein Gewächshaus, dann bewahren Sie die Samentöpfe darin auf. Vergessen Sie das Gießen nicht, an einem warmen Frühlingstag können die Töpfchen schnell austrocknen.
- Setzen Sie weitere Sommerblüher, insbesondere die weniger winterharten wie Schmucklilie, Steppenkerze, Schopflilie und Gladiole.

Pflegemaßnahmen

- Sind die ersten Läuse da? Sammeln Sie sie ab oder besprühen Sie sie mit Seifenlauge oder Insektizid (siehe Seite 136). So verhindern Sie einen unkontrollierbaren Befall.
- Gießen Sie Pflanzgefäße regelmäßig, da sie schnell austrocknen. Aber übertreiben Sie es nicht; prüfen Sie den Zustand des Bodens ein paar Zentimeter unterhalb der Oberfläche.
- Behalten Sie das Unkraut im Auge, es beginnt jetzt zu wachsen und sollte nicht überhandnehmen.
- Achten Sie auf Anzeichen von Virus- oder Pilzerkrankungen (siehe Seite 137). Stark befallene Pflanzen sollten vollständig entfernt und im Hausmüll entsorgt werden. Kranke Pflanzen gehören nicht in den Gartenkompost, weil sich Viren und Pilze auf diese Weise ausbreiten.
- Düngen Sie Pflanzen, die aussehen, als bräuchten sie einen Nahrungsschub. Dafür stickstoffarmen Dünger auf den Boden streuen und vom Regen einschwemmen lassen oder Flüssigdünger verwenden.
- Lassen Sie nach der Blüte die Blätter der Zwiebelpflanzen weiterwachsen. Gießen Sie, wenn nötig, besonders die Töpfe. Entfernen Sie die Blätter erst, wenn sie braun geworden sind. Wenn Sie Zwiebelpflanzen im Rasen haben, mähen Sie frühestens sechs Wochen nach der Blüte.
- Sammeln Sie die Samen von Exemplaren, die Sie vermehren wollen.
- Um Zwiebeln zu teilen, graben Sie sie aus, solange Sie noch sehen, wo sie sich befinden. Pflanzen Sie sie sofort wieder ein und gießen Sie gut an, damit sie noch weiterwachsen können (siehe Seite 23).

SOMMER

Vorbereitungen

- Im Sommer blühende Zwiebelpflanzen konkurrieren mit einem ganzen Schwung an Sommerblumen. Wenn Sie eine schöne Kombination kreiert haben, machen Sie Fotos oder Notizen. Merken Sie sich auch eventuelle Lücken. Aber vor allem: Freuen Sie sich an der Pracht!
- Die neuen Pflanzenkataloge erscheinen jetzt, Sie können also mit der Planung für das nächste Jahr beginnen. Wenn Sie auf bestimmte Blumenzwiebeln aus sind, sollten Sie frühzeitig bestellen.

LINKS Schmucklilien bieten im Sommer einen erhabenen Anblick.
OBEN Nach der Blüte können Sie die verdorrten Blütenstiele vorsichtig entfernen, um den Garten in Ordnung zu halten.

Pflanzen

- Pflanzen Sie jetzt Herbstblüher wie Herbst-Zeitlose und Herbst-Alpenveilchen (siehe Seite 114). Sie blühen, sobald die ersten Anzeichen von Herbst in der Luft liegen.
- Der Spätsommer ist ein guter Zeitpunkt für die Vermehrung von Zwiebelblumen. Probieren Sie an überzähligen Zwiebeln die Methoden des Einschneidens, Zerteilens und der Schuppenvermehrung (siehe Seite 24). Bis zum nächsten Frühjahr entstehen daraus viele neue Zwiebeln.
- Setzlinge, die bereits ein Jahr oder länger im Topf stehen, nehmen Sie zur Begutachtung der kleinen Zwiebeln heraus. Sind sie groß genug, kommen sie für ein weiteres Jahr in einen größeren Topf.

Pflegemaßnahmen

- Im Frühsommer können Sie auch dort wieder mähen, wo die Frühjahrsblüher im Rasen standen. Die Schnittfläche wird zunächst ungleichmäßig oder braun sein, aber Gras erholt sich schnell.
- Entfernen Sie im Beet die abgestorbenen Blätter der Zwiebelblumen, damit sie nicht auf dem Boden verrotten. Eventuell vorhandene Pilzsporen können sich sonst auf andere Pflanzen ausbreiten.
- Achten Sie auf Lilienkäfer und entfernen Sie diese, sobald sie auftreten (siehe Seite 137).
- Jäten Sie regelmäßig, damit Unkraut den gewünschten Pflanzen keine Konkurrenz macht.
- Gießen Sie Töpfe regelmäßig und überprüfen Sie auch den Gartenboden. Eine längere Trockenperiode kann für Sommerblüher das Ende bedeuten.
- Kappen Sie die Samenköpfe des Zierlauchs, sobald sie ihre Attraktivität verloren haben. Die Samen können Sie ins Beet streuen oder für spätere Anzuchtversuche absammeln.

Register

Seitenzahlen in **Fettdruck** verweisen auf einen Haupteintrag. Seitenzahlen in *Kursivschrift* verweisen auf eine Illustration einer pflanzlichen Varietät etc.

Die englischsprachige Originalausgabe erschien 2019 unter dem Titel *The Kew Gardener's Guide to Growing Bulbs* bei White Lion Publishing, einem Imprint der Quarto Publishing Group.

Design: Sarah Pyke

Konzept, Gestaltung und Produktion:
White Lion Publishing, an imprint of the Quarto Group
The Old Brewery, 6 Blundell Street
London, N7 9BH,
United Kingdom
www.QuartoKnows.com

Aus dem Englischen übersetzt von Anne Taubert, D-Berlin
Lektorat der deutschsprachigen Ausgabe: Frauke Bahle, D-Merzhausen
Satz der deutschsprachigen Ausgabe: Die Werkstatt Medien-Produktion GmbH, D-Göttingen

Printed in China

Um lange Transportwege zu vermeiden, hätten wir dieses Buch gerne in Europa gedruckt. Bei Lizenzausgaben wie diesem Buch entscheidet jedoch der Originalverlag über den Druckort. Der Haupt Verlag kompensiert mit einem freiwilligen Beitrag zum Klimaschutz die durch den Transport verursachten CO2-Emissionen und verwendet Papier aus nachhaltigen Quellen.

Bibliografische Information der Deutschen Nationalbibliothek
Die Deutsche Nationalbibliothek verzeichnet diese Publikation in der Deutschen Nationalbibliografie; detaillierte bibliografische Daten sind im Internet über http://dnb.dnb.de abrufbar.

ISBN 978-3-258-08193-9

Der Haupt Verlag wird vom Bundesamt für Kultur mit einem Strukturbeitrag für die Jahre 2016–2020 unterstützt.

Wünschen Sie regelmäßig Informationen über unsere neuen Titel zum Thema Natur? Möchten Sie uns zu einem Buch ein Feedback geben? Haben Sie Anregungen für unser Programm? Dann besuchen Sie uns im Internet auf **www.haupt.ch**. Dort finden Sie unser Online-Magazin, aktuelle Informationen zu unseren Neuerscheinungen und können unseren Newsletter abonnieren.

BILDNACHWEISE

o = oben, u = unten, M = Mitte, l = links, r = rechts
© Jason Ingram 18M+u, 35ol+oM+or, 51ol+oM+or+ul, 59ol+oM+or+ul, 71ol+or+Ml+Mr, 79ol+or+ul, 105ol+oM+or+Ml, 121ol, 141r
© Richard Wilford 8, 11, 13l+r, 13r, 15, 17, 20, 21r, 25ol+or+u, 35ul+ur, 37, 39, 41, 44, 46o, 47o, 64, 71u, 79Ml+ur, 83, 87oM+or+ur, 105Mr+u, 113, 115ol+or+u, 121oM+ul+ur, 122, 129ol+oM+or+ul+ur, 133, 134, 135

© Shutterstock 2 Denys Dolnikov, 6–7 Natasha Breen, 13 Cornelia Pithart, 18o bluedog studio, 21l Natalia van D, 22 Martin Fowler, 26–27 EsHanPhot, 28 RukiMedia, 29 Martina Kieselbach, 30 Martin Fowler, 32 Flower_Garden, 36 Heiti Paves, 40 Sarah Marhant, 43 Sarycheva Olesia, 45 Peter Turner Photography, 46u catus, 47u Jordan Tan, 48 Sinelev, 49 Przemyslaw Muszynski, 51ur RukiMedia, 52 Del Boy, 53 RukiMedia, 54 Peter_Fleming, 55 RaGS2, 56 Natalia van D, 57 Victoria Kurylo, 59ur Peter Turner Photography, 61 Linda George, 62 Natalia van D, 63 Frauke Ross, 65 Annaev, 66 Predrag Lukic, 67 Del Boy, 68 Cristian Gusa, 69 Andrew Fletcher, 72 Gucio_55, 73 Haidamac, 74 Ruth Swan, 75 Peter Turner Photography, 76 Hivaka, 77 Ihor Martsenyuk, 79Mr Flower_Garden, 80 Gabriela Beres, 81 ajisai13, 82 acchity, 84 Bob Saunders, 85 alybaba, 87ol Drozdowski, 87ul J Need, 88 Mihai-Bogdan Lazar, 89 padu-foto, 90 Nick Pecker, 91 Gherzak, 92 Jiang Tianmu, 93 Guillermo Guerao Serra, 95ol+r Polina Lobanova, 95Ml rob3rt82, 95ul Aleksei Verhovski, 95ur Rozova Svetlana, 96 Itija, 97 V J Matthew, 98 rontav, 99l Nick Pecker, 99r sebastianosecondi, 101 Oxik, 103 Peter Turner Photography, 106 art of line, 107 Fenneke Smouter, 108 Tamara Kulikova, 109 Matt Hopkins, 110 mizy, 112 Julian Popov, 116 Byron Ortiz, 117 Brian A Wolf, 118 RukiMedia, 119 Sheila Fitzgerald, 121or Ernie Janes, 123 J Need, 124 Skyprayer2005, 125 NataliaVo, 126 Peter_Fleming, 127 Janelle Lugge, 130 Madelein Molfaardt, 131 Zigzag Mountain Art, 132 Doikanoy, 137 L.A. Faille, 139l OlgaPonomarenko, 139r Jgade, 141l ingehogenbijl